# DEUTSCH 2

SCHRITT 2

inlingua®

**Impressum**

Herausgegeben von inlingua International AG, Bern, Schweiz
Dem ausschließlichen Gebrauch durch inlingua-Sprachcenter vorbehalten

www.inlingua.com
comments@inlingua.com



Erste Auflage 2012
Dritte revidierte Auflage 2015
Siebte Auflage 2020

Design und Layout von SONNEN ecodesign, Bern, Schweiz
Gedruckt und gebunden von CPI books, Ulm, Deutschland

Bilder:
© shutterstock.com, © iStockphoto.com, © dreamstime.com, © fotolia.com, © ddpimages.com, © vectormaps.de, © SONNEN ecodesign und siehe Quellenverzeichnis

Cartoons: © Christopher R. Taylor, Tokio, Japan

Artikelnummer g2218

**Willkommen bei inlingua Deutsch 2 Schritt 2!**

Deutsch 2 Schritt 2 ist ein effizientes Lehrwerk, das alle Vorgaben des europäischen Referenzrahmens erfüllt und Sie schnell und zielorientiert zum gewünschten Lernerfolg führt. Zusammen mit Deutsch 2 Schritt 1 erreichen Sie das Sprachniveau B1.

Deutsch 2 Schritt 2 besteht aus 15 Lektionen (16–30) mit jeweils drei Lernschritten. In jeder Lektion gibt es außerdem einen Überblick über die neu gelernten Strukturen und den relevanten Wortschatz sowie eine Doppelseite mit Übungen zu Leseverstehen, Hörverstehen, Schreibfertigkeit und Sprechfertigkeit. Nach jeweils fünf Lektionen folgt ein Block mit Grammatik, Wortschatz und Sprachkompetenzen auf einen Blick. Die Zusatzübungen hinten im Buch bieten weitere Aktivitäten zum Vertiefen und Festigen an. Im Anhang folgen schliesslich die Hörtexte sowie die Lösungen zu allen Übungen. Am Ende von Schritt 2 wird der Abschlusstest abgelegt.

Wir wünschen Ihnen mit Deutsch 2 Schritt 2 viel Erfolg und vor allem viel Freude am Lernen.

# Inhaltsverzeichnis

# Inhaltsverzeichnis

# Inhaltsverzeichnis



## Hörübungen

| Track | Lektion | Übung |
|---|---|---|
| 01, 02 | 16 Träume | 5, 6 |
| 03, 04 | 17 Wohlbefinden finden | 6, Zusatzübung 6 |
| 05, 06 | 18 Politik in Deutschland | 5, 6 |
| 07, 08 | 19 Urlaubszeit – schönste Zeit? | 7, Zusatzübung 2 |
| 09 | 20 Mein Leben heute | 6 |
| 10, 11 | 21 Das schaffen wir schon! | 4, 5 |
| 12, 13, 14 | 22 Weg mit den Fehlern! | 4, 5, Zusatzübung 4 |
| 15, 16 | 23 Der erste Arbeitstag | 3, 5 |
| 17, 18 | 24 Wer ist eigentlich ... ? | 2, 3 |
| 19, 20 | 25 Von Mensch zu Mensch | 4, 6 |
| 21, 22 | 26 Von Adler bis Zecke | 2, Zusatzübung 4 |
| 23, 24 | 27 Geld regiert die Welt | 7, Zusatzübung 2 |
| 25 | 28 Ohne ... kann ich nicht leben! | 4 |
| 26, 27, 28 | 29 So gesehen | 4, 6, Zusatzübung 1 |

**mp3 audio download**

**https://www.inlingua.com/audios-deutsch-2-schritt-2/**

# Lektion 16 Träume

## Lernschritt 46 Hätten Sie einen Moment Zeit für mich?

### Im Restaurant

*So, haben Sie gewählt? Was darf ich Ihnen bringen?*
*Ja, ich hätte gern das Steak und dazu ein Glas Mineralwasser.*
*Gerne, und wie möchten Sie Ihr Steak?*
*Medium, bitte. Und würden Sie bitte der Küche sagen, dass ich statt der Pommes Frites lieber Reis hätte?*
*Natürlich, das ist gar kein Problem.*

### Im Büro

*Frau Bergmann, hätten Sie einen Moment Zeit für mich?*
*Ja, was kann ich für Sie tun?*
*Die Zahlen hier auf der Rechnung stimmen nicht. Würden Sie das bitte noch einmal überprüfen?*
*Im Moment habe ich sehr viel zu tun, aber heute Nachmittag hätte ich dafür Zeit. Ist das in Ordnung?*
*Ja, natürlich.*

### Am Tisch

*Simone, gib mir mal das Salz!*
*Timo! Kannst du deine Schwester nicht höflicher bitten?*
*Ja, ja, ... Simone, würdest du mir bitte das Salz geben?*
*Na also, geht doch!*

### Auf der Straße

*Hallo, junger Mann?*
*Ja, brauchen Sie Hilfe?*
*Ja, ich suche die Praxis von Doktor Sonnberg, und ich habe meine Brille zu Hause vergessen. Ich kann die Schilder nur schlecht lesen. Wären Sie so freundlich, mir zu helfen?*
*Selbstverständlich. Also, ... ah, hier, die Praxis von Doktor Sonnberg ist im dritten Stock.*
*Vielen Dank! Sehr nett.*

„Einmal im Leben würde ich gerne zum Mond fliegen. Dort ist es bestimmt unglaublich interessant."

„Ich hätte am liebsten einen Bauernhof. Dort hätte ich viele Tiere und würde den ganzen Tag draußen arbeiten."

„Ich bin Ärztin und träume davon, einmal für ein paar Jahre durch die Welt zu reisen und armen Menschen zu helfen. Das wäre meine Erfüllung."

„So viele Sprachen wie möglich zu sprechen – das wäre einfach toll. Dann könnte ich mit ganz vielen Menschen in ihrer eigenen Sprache sprechen."

„Ich würde meinen runden Geburtstag gerne mit all meinen Freunden und meiner Familie auf Schloss Bellevue feiern – und als musikalischen Höhepunkt hätte ich gerne Bon Jovi."

„Mein Traum ist es, einmal Silvester in allen Zeitzonen zu feiern. Das wäre verrückt: eine Nacht, die nie endet."

*Und wie komme ich vom Dom zum Rathaus?*

*An Ihrer Stelle würde ich zu Fuß gehen. Hier, ich zeige Ihnen den Weg auf der Karte, das sind nur etwa 15 Minuten.*

*Gibt es dort auch ein Lokal, in dem man gut essen kann?*

*Hm, also wenn ich Sie wäre, würde ich ins „Rathausstüberl" gehen. Das ist ein kleines, nettes Restaurant, das viele lokale Spezialitäten anbietet.*

*Na, dann vielen Dank für die nette Hilfe.*

*Ich würde das blaue Kleid nehmen. Das steht dir hervorragend.*

*Findest du? Mir gefällt das rote Kleid aber viel besser.*

*Ja, das ist sehr schick, aber an deiner Stelle würde ich zu einem Vorstellungsgespräch kein rotes Kleid anziehen. Das ist zu auffällig. Wenn ich du wäre, würde ich das blaue oder das graue Kleid kaufen.*

*Nein, das graue Kleid nehme ich auf keinen Fall. Das ist zu langweilig.*

*Der Test morgen wird nicht leicht. An eurer Stelle würde ich heute Nachmittag gut lernen.*

*Aber Herr Weitzel, heute ist so schönes Wetter. Können wir den Test nicht nächste Woche schreiben? Dann hätten wir länger Zeit zum Lernen und wären bestimmt alle gut vorbereitet.*

*Alles klar, wenn es nach euch gehen würde, wären alle Tests nur bei Regenwetter.*

## Zielstrukturen

| | | |
|---|---|---|
| Ich | **hätte gern** | eine Auskunft. |
| **Hätten** | Sie | einen Augenblick Zeit für mich? |
| **Würden** | | mir bitte das Heft geben? |
| **Wären** | | so freundlich, die Tür **zu** schließen. |

| | |
|---|---|
| Was **würdest** du machen, wenn du Millionär **wärst**? | – Wenn ich Millionär **wäre**, **würde** ich mir eine große Villa kaufen. |
| **Würden** Sie Ihre Arbeit kündigen, wenn Sie im Lotto gewinnen **würden**? | – Ja, wenn ich im Lotto gewinnen **würde**, **würde** ich meine Arbeit kündigen. |

| | | | | | |
|---|---|---|---|---|---|
| **Hätte** | ich | heute frei, | **wäre** | ich | noch im Bett. |
| **Würde** | er | besser zuhören, | **würde** | er | mehr verstehen. |
| **Wäre** | heute schönes Wetter, | | **würden** | wir | in den Park gehen. |

| | | | |
|---|---|---|---|
| **An** | **deiner** | **Stelle** | würde ich den Text noch einmal lesen. |
| | **Ihrer** | | |
| | **seiner** | | |
| | **ihrer** | | |
| | **eurer** | | |

| | | | |
|---|---|---|---|
| **Wenn ich** | **du** | **wäre**, | würde ich den Text noch einmal lesen. |
| | **Sie** | | |
| | **er** | | |
| | **sie** | | |
| | **ihr** | | |

| | | | | | |
|---|---|---|---|---|---|
| ich | wäre | ich | würde | ich | hätte |
| du | wär(e)st | du | würdest | du | hättest |
| er/sie/es | wäre | er/sie/es | würde | er/sie/es | hätte |
| wir | wären | wir | würden | wir | hätten |
| ihr | wär(e)t | ihr | würdet | ihr | hättet |
| Sie/sie | wären | Sie/sie | würden | Sie/sie | hätten |

**Zielwortschatz**

Ich würde **draußen** arbeiten. Das wäre einfach **toll**. Das wäre mein **Traum**. Ich möchte Silvester in allen **Zeitzonen** feiern. Das wäre **verrückt**. Das ist seine **Erfüllung**. Sie feiert ihren **runden Geburtstag**. **Höhepunkt** der Feier ist der Auftritt des Superstars.

Du **gewinnst** viel Geld **im Lotto**.

**Übung 1**
**Ergänzen Sie.**

wäre wärst wären würde würdest würden hätte

1. Ich *würde* dich sehr gerne begleiten, habe aber leider schon einen wichtigen Termin.
2. .................... du auch gerne wieder 20?
3. Ich muss einkaufen gehen. .................... du mir bitte helfen?
4. Ich .................... gerne ein schönes Auto.
5. .................... Sie sich auch verkleiden, wenn Sie berühmt .................... ?
6. Er .................... gerne für einen Tag ein berühmter Rennfahrer.
7. .................... du dich freuen, wenn ich dich besuchen .................... ?
8. Wenn er Geld .................... , .................... er viel verschenken.
9. Wenn ich du .................... , .................... ich nicht so viel arbeiten.
10. Sie .................... gerne einen Hund.

**Übung 2**
**Sagen Sie es höflicher.**

1. Gib mir dein Buch!
   *Würdest/Könntest du mir bitte dein Buch geben?*
2. Bringen Sie mir die Speisekarte!
3. Ich will 1 kg Tomaten und 2 rote Paprika.
4. Wo ist der Ausgang?
5. Wie viel kostet der Pullover?
6. Kommt mit!
7. Hören Sie zu!
8. Wiederhol den Satz!
9. Wir wollen eine Pizza und eine Lasagne.
10. Zeigt uns eure Bilder!
11. Füllen Sie das Formular aus!
12. Warte einen Moment!
13. Haben Sie Zeit?

**Übung 3**
**Diskutieren Sie.**

Was würden Sie tun, wenn Sie drei Wünsche frei hätten? Diskutieren Sie diese Fragestellung mit den anderen Kursteilnehmern.

**Übung 4**
**Was passt zusammen? Verbinden Sie.**

| | | | |
|---|---|---|---|
| 1. Wenn mein Computer nicht kaputt wäre, | A. hättest du bessere Noten. | 1. | C |
| 2. Wenn er ein Buch schreiben würde, | B. würde ich sofort kündigen. | 2. | F |
| 3. Wenn ich im Lotto gewinnen würde, | C. würde ich jetzt im Internet surfen. | 3. | D |
| 4. Wenn wir mehr Zeit hätten, | D. würden wir die Arbeit in Ruhe beenden. | 4. | E |
| 5. Wenn heute schönes Wetter wäre, | E. wäre es bestimmt ein Krimi. | 5. | B |
| 6. Wenn du mehr lernen würdest, | F. würde ich mit meinen Kindern in den Park gehen. | 6. | A |

**Übung 5**
**Hören Sie gut zu.**
**01 Richtig oder falsch?**

| | Richtig | Falsch |
|---|---|---|
| 1. Die Sprecherin würde gerne in die Karibik reisen. | | |
| 2. Wenn er reich wäre, würde sich der Sprecher selbstständig machen. | | |
| 3. Wenn die Sprecherin noch mal 20 wäre, würde sie wahrscheinlich eine erfolgreiche Pianistin werden. | | |
| 4. Der Sprecher würde sich den neuen Wagen sofort kaufen. | | |
| 5. Der Sprecher würde gerne ein neues Haus geschenkt bekommen. | | |
| 6. Die Sprecherin würde gerne zum Einkaufen nach London fliegen. | | |

**Übung 6**
**Hören Sie gut zu**
**02 und entscheiden Sie.**

1. Der Sprecher hilft seiner *Mutter/Frau* gerne.
2. Am schlimmsten ist für den Sprecher das *Einkaufen/Kochen*.
3. Der Sprecher hatte sich auf *einen Kinoabend / ein Länderspiel* eingestellt.
4. Die Frau wollte, dass ihr Mann etwas *in der Apotheke / beim Arzt* abholt.
5. Der Mann sollte auf dem Heimweg frische *Brötchen/Eier* von der Bäuerin holen.

# Lektion 17 Wohlbefinden finden

## Lernschritt 49 Hausmittel und Hausrezepte

Als ich noch ein Kind war, bin ich mal vom Fahrrad gestürzt und habe mich am Knie verletzt. Ich hatte eine schlimme Wunde, und es blutete wie verrückt. Kein Problem für Oma! Sie hat mir eine selbst gemachte Ringelblumensalbe aufgetragen und die Wunde verbunden. Es heilte wirklich gut, und nach ein paar Tagen brauchte ich nur noch ein kleines Pflaster.

Aber es gibt natürlich auch Situationen, wo selbst meine Oma sagt: „Mädchen, du solltest zum Arzt gehen." Das war letztes Jahr. Ich hatte einen starken Husten, war ganz matt und hatte überhaupt keine Kraft mehr. Oma kochte mir heiße Milch mit Honig, bereitete aus Kandiszucker und einem Schwarzen Rettich einen Hustensirup zu – aber nichts half. Da ging ich dann doch zum Arzt.

Auch in anderen Ländern setzt man auf Hausmittel. In China benutzt man bei Magenproblemen, Kopfschmerzen und Erkältungen Ingwer.

Im Iran trinkt man bei Fieber einen Saft aus Wassermelonen.

Wenn die Inder Ohrenschmerzen haben, hacken sie eine Zwiebel klein, stecken sie in ein Tuch und legen es auf das Ohr.

Wenn die Italiener Husten haben, trinken sie einen Tee aus Nelken.

Lektion 17

## Lernschritt 50 Beim Arzt

*So, Herr Nauber, würden Sie bitte Ihr Hemd ausziehen, damit ich Sie untersuchen kann?*

*Ja, natürlich. Ich huste jetzt schon seit einer Woche. Ich habe viel Tee getrunken, aber nichts hilft.*

*Hm, hm, ... jetzt, bitte einatmen, ... ausatmen, ... einatmen, ... ausatmen, ... Danke, Sie können Ihr Hemd wieder anziehen.*

*Ich schlafe auch sehr schlecht, weil ich immer husten muss.*

*Ich schreibe Ihnen gleich ein Hustenmittel auf. Aber Sie sollten sich auch ein bisschen ausruhen. Es wäre gut, wenn Sie eine Woche im Bett bleiben würden. Ich schreibe Sie bis nächste Woche krank.*

*Nein, nein, das geht nicht! Ich muss ins Büro. Ich habe so viel zu tun und ... Könnten Sie mir nicht ein starkes Medikament geben, damit ich morgen wieder fit bin?*

*Herr Nauber, Ihre Gesundheit ist wichtiger. Würden Sie nicht so viel arbeiten, wären Sie auch nicht so krank geworden. Wenn der Körper keine Ruhe hat, kann er sich nicht erholen.*

*Könnte ich vielleicht von zu Hause aus arbeiten, am Computer?*

*Nein, Sie sollten wirklich eine Woche lang nichts tun. Trinken Sie viel Tee, lesen Sie ein gutes Buch und vergessen Sie das Büro! Meine Sprechstundenhilfe gibt Ihnen das Rezept und die Krankschreibung. Ich wünsche Ihnen gute Besserung.*

*Ja, vielen Dank.*

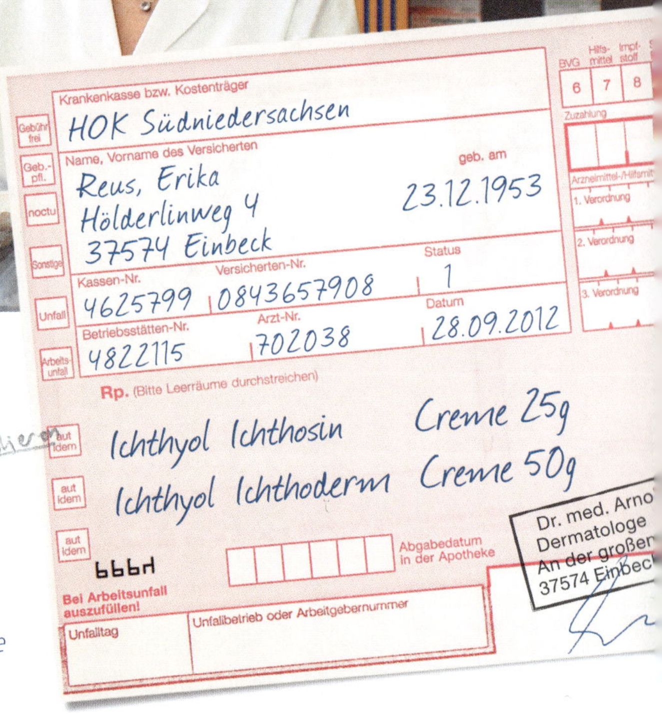
Krankenkasse bzw. Kostenträger
HOK Südniedersachsen
Name, Vorname des Versicherten | geb. am
Reus, Erika | 23.12.1953
Hölderlinweg 4
37574 Einbeck
Kassen-Nr. 4625799 | Versicherten-Nr. 0843657908 | Status 1
Betriebsstätten-Nr. 4822115 | Arzt-Nr. 702038 | Datum 28.09.2012
Rp. (Bitte Leerräume durchstreichen)
Ichthyol Ichthosin Creme 25g
Ichthyol Ichthoderm Creme 50g
Abgabedatum in der Apotheke
Dr. med. Arno
Dermatologe
An der großen
37574 Einbeck
Bei Arbeitsunfall auszufüllen!
Unfalltag | Unfallbetrieb oder Arbeitgebernummer

Guten Tag!

*Guten Tag! Was kann ich für Sie tun?*

Ich hätte gerne einige Medikamente für meine Mutter. Hier ist das Rezept.

*Moment bitte, ich muss nachsehen, ob wir die Salben vorrätig haben. ... Tut mir leid, aber wir müssten sie bestellen.*

Wie lange würde das denn dauern?

*Wenn ich sie jetzt gleich bestelle, wären sie morgen früh da.*

Gut. Würden Sie mich dann bitte anrufen?

*Selbstverständlich. Dürfte ich Sie dann um Ihre Telefonnummer bitten?*

Natürlich. Bevor ich es vergesse: Hätten Sie etwas gegen Magenschmerzen?

*Möchten Sie etwas Bestimmtes?*

Nein, aber ich bräuchte nur ein leichtes Mittel, die Schmerzen sind nicht so stark.

*Ich empfehle Ihnen diese Tabletten. Sie haben einen neuen Wirkstoff, und unsere Kunden haben sehr gute Erfahrungen damit gemacht. Außerdem sind sie sehr verträglich.*

Klingt gut. Die hätte ich dann gerne.

*Wenn Sie aber in ein paar Tagen immer noch Magenschmerzen haben, sollten Sie besser zum Arzt gehen.*

Ja, natürlich, das mache ich.

**Zielstrukturen**

| | | | |
|---|---|---|---|
| Ich | **sollte**<br>**könnte** | mehr Tee trinken. | |
| Du | **solltest**<br>**könntest** | mehr auf die Ernährung achten. | |
| Er/Sie/Es | **sollte**<br>**könnte** | sich mehr bewegen. | |
| Wir | **sollten**<br>**könnten** | aufs Dessert verzichten. | |
| Ihr | **solltet**<br>**könntet** | eine Diät machen. | |
| Sie | **sollten**<br>**könnten** | sich entspannen. | |
| An Ihrer Stelle | **würde** | ich zum Arzt gehen. | |
| **Könntest** | du | zur Apotheke gehen? | |
| **Könnten** | Sie | bitte die Tür schließen? | |
| **Würdest** | du | mir bitte einen Tee machen? | |
| **Würden** | Sie | bitte das Fenster schließen? | |
| **Dürfte** | ich | dich um etwas bitten? | |
| **Hättest** | du | einen Augenblick Zeit? | |
| **Hätten** | Sie | vielleicht die genaue Uhrzeit? | |
| **Wären** | Sie | so nett/freundlich? | |
| | Ich | **hätte** | **gerne** einen Termin. |
| | Was | **hätten** | Sie **gerne**? |
| **Sollten** Sie noch Fragen haben, | | **können** Sie uns jederzeit anrufen. | |

**Zielwortschatz**

Ältere Leute kennen oft wirksame **Hausmittel** und **Hausrezepte**. Wenn man **sich den Magen verdorben** hat, muss man oft **erbrechen**. Gestern war mir sehr übel, aber heute **fühle** ich **mich** wieder **wohl**. Sie ist schwer **gestürzt** und hat sich am Kopf **verletzt**. Die **Wunde blutete** stark. Wir müssen die Wunde **verbinden** oder ein **Pflaster** darauf kleben. Dein **Husten** hört sich aber schlimm an. – Ja, ich weiß. Ich habe die ganze Nacht so schlimm **gehustet**. Die Krankheit hat ihn sehr geschwächt. Er hat überhaupt keine **Kraft** mehr. Der Arzt hat bei der **Untersuchung** meine Lunge abgehört.

**Übung 1**
Bilden Sie Sätze.

1. helfen / Sie / mir / bitte / würden / ?
   *Würden Sie mir bitte helfen?*
2. du / Pflaster / für / hättest / mich / ein / ?
3. ich / die / Wunde / verbinden / könnte / dir
4. ein / vielleicht / Sie / mich / Hausmittel / für / hätten / ?
5. Migräne / gegen / Medikament / hätte / ich / gerne / ein
6. Sport / einige / für / mit / Zeit / sollten / Sie / aufhören / wirklich / dem
7. ein / Sie / Ratschläge / paar / vielleicht / ich / bitten / dürfte / um / ?
8. trinken / wenn / Magen / man / hat / sollte / den / Kamillentee / verdorben / sich / man

**Übung 2**
Schreiben Sie die Sätze höflicher mit ***würde, könnte*** oder ***sollte***.

1. Geh raus!
   *Würdest/Könntest du bitte rausgehen?*
2. Gib mir ein Pflaster!
3. Kocht ihm einen Tee!
4. Bring mir die Tabletten!
5. Machen Sie den Oberkörper frei!
6. Empfehlen Sie mir eine Salbe!
7. Nimm deine Medizin!
8. Machen Sie regelmäßig Pausen!
9. Lasst euch untersuchen!
10. Verbinden Sie meine Wunde!
11. Habt endlich mehr Zeit für mich!

**Übung 3**
Ordnen Sie zu.

| | | | |
|---|---|---|---|
| 1. Würdest du mir bitte den ... | A. kurz helfen? | 1. | F |
| 2. Ich hätte gerne ... | B. eine Frage. | 2. | E |
| 3. Wären Sie so freundlich, ... | C. um einen Gefallen bitten? | 3. | I |
| 4. Könnten Sie mir mal ... | D. das Fenster schließen? | 4. | A |
| 5. Dürfte ich Sie ... | E. einen großen Becher Eis. | 5. | C |
| 6. Ich hätte da mal ... | F. Zucker reichen? → geben „elegant“ | 6. | B |
| 7. Mir ist kalt. Würden Sie bitte ... | G. herkommen? | 7. | D |
| 8. Hätten Sie einen ... | H. Augenblick Zeit? | 8. | H |
| 9. Kinder, könnt ihr mal kurz ... | I. mir die Tür aufzuhalten? | 9. | G |

Könntet

**Übung 4**
**Geben Sie Ratschläge: Was soll getan werden?**

1. Hilfe, ich bin zu dick!
   *Du solltest weniger essen! / An deiner Stelle würde ich weniger essen!*
2. Ich glaube, ich habe Fieber.
3. Paul kommt immer zu spät.
4. Ich fühle mich gar nicht wohl.
5. Wir vergessen immer alles.
6. Ich fühle mich total erschöpft.
7. Sabine hat zu wenig Zeit.
8. Das Kind hat sich den Magen verdorben.
9. Opa hört so schlecht.
10. Ich habe starken Husten.
11. Die Wunde blutet stark.
12. Ich schwitze immer.
13. Otto hat schon zweimal erbrochen.
14. Unsere Nachbarin ist gestürzt und hat sich leicht am Arm verletzt.

**Übung 5**
**Welche Hausmittel helfen bei folgenden Beschwerden? Geben Sie Ratschläge.**

1. Schnupfen
2. Halsschmerzen
3. Juckreiz bei Insektenstichen
4. Schluckauf
5. Erkältung
6. Schlaflosigkeit
7. Muskelkater

**Übung 6**
**03 Hören Sie gut zu. Richtig oder falsch?**

| | Richtig | Falsch |
|---|---|---|
| 1. Er macht Wellness nur für seine Frau. | ✓ | |
| 2. Er hat wenig Zeit. Er hat eine eigene Firma. | | |
| 3. Eigentlich fühlt er sich fit und gesund. | | |
| 4. Seine Frau hat ihn zu einem Sportkurs angemeldet. | | |
| 5. Er glaubt fest an alternative Medizin. | | |
| 6. Das Wellnessprogramm macht ihm keinen großen Spaß. | | |

# Lektion 18 Politik in Deutschland

## Lernschritt 52 Die Bundesrepublik

Nach dem Zweiten Weltkrieg wurde Deutschland geteilt: Am 23. Mai 1949 wurde die BRD (Bundesrepublik Deutschland) gegründet, am 7. Oktober desselben Jahres die DDR (Deutsche Demokratische Republik). Die DDR umfasste sowohl die Bundesländer Mecklenburg-Vorpommern, Brandenburg, Sachsen-Anhalt, Sachsen und Thüringen als auch Ostberlin. Beide Staaten waren während des Kalten Krieges 40 Jahre lang getrennt. Im Herbst 1989 gab es in der DDR eine friedliche Revolution, die schließlich zur deutsch-deutschen Wiedervereinigung am 3. Oktober 1990 führte.

Die heutige Bundesrepublik Deutschland grenzt an neun Nachbarstaaten und hat 16 Bundesländer. Wenn man die Bundesländer auf der Karte zählt, findet man auf den ersten Blick aber nur 13. Das liegt daran, dass Berlin, Hamburg und Bremen keine Flächenstaaten, sondern Stadtstaaten sind.

Bayern ist mit einer Fläche von 70 552 Quadratkilometern das größte Bundesland. Nordrhein-Westfalen hat mit fast 18 Millionen Menschen die meisten Einwohner.

Berlin ist mit 892 Quadratkilometern einerseits das drittkleinste Bundesland, hat aber andererseits mit 3920 Einwohnern pro Quadratkilometer die höchste Bevölkerungsdichte.

Die politische Macht in der Bundesrepublik ist zwischen der Bundesregierung in Berlin und den Regierungen der einzelnen Bundesländer aufgeteilt.

Jedes Bundesland hat nicht nur seine eigene Hauptstadt, sondern auch eine eigene Verfassung, eine Landesregierung und ein Parlament. Dieses System nennt man Föderalismus.

Die einzelnen Bundesländer bestimmen mit ihren Landesregierungen zum Beispiel die Organisation der Polizei oder auch die Schul- und Kulturpolitik.

Die Bundesrepublik Deutschland ist eine parlamentarische Demokratie. Alle wichtigen Entscheidungen werden vom Parlament getroffen. Die einzelnen Parteien stellen Kandidaten auf, die in einer freien Wahl vom Volk gewählt werden. Die gewählten Volksvertreter sitzen dann im Parlament – dem Bundestag.

Der Bundestag stimmt zusammen mit dem Bundesrat (der Vertretung der Bundesländer) über die Gesetze ab. Außerdem wählt der Bundestag den Regierungschef, der in Deutschland „Bundeskanzler" genannt wird, und kontrolliert die Bundesregierung. Diese besteht aus dem Bundeskanzler und den Ministern. Ein anderes Wort für Regierung ist „Kabinett".

Die Regierung besteht oft aus einer Koalition zwischen zwei oder mehreren Parteien, da eine Partei bei einer Wahl selten die absolute Mehrheit erreicht. Die Parteien, die nicht regieren, bilden im Bundestag die Opposition.

Das Staatsoberhaupt ist in Deutschland nicht der Bundeskanzler, sondern der Bundespräsident. Im Gegensatz zu den Staatsoberhäuptern vieler anderer Länder hat der Bundespräsident in Deutschland vor allem eine repräsentative Funktion. Er sitzt weder im Bundestag noch im Bundesrat.

Auf der einen Seite bekommen die Deutschen immer weniger Kinder, auf der anderen Seite werden die Menschen immer älter. Manche Menschen haben zwar einen Arbeitsplatz, aber ihr Verdienst ist so gering, dass das Geld trotzdem nicht reicht. Der Sozialstaat versucht durch verschiedene Hilfen nicht nur auf diese Entwicklungen zu reagieren, sondern auch Ungerechtigkeiten auszugleichen.

Ich bin gelernter Bäcker, aber ich habe eine Mehlstauballergie. Also kann ich nicht mehr in meinem Beruf arbeiten. Ich bin jetzt bei einem Paketdienst als Fahrer angestellt. Meine Frau arbeitet halbtags in einem Supermarkt an der Kasse, und nachmittags kümmert sie sich um unsere drei Kinder. Obwohl wir beide berufstätig sind, reicht das Geld nicht für eine fünfköpfige Familie. Da sind wir sehr froh, dass wir Wohngeld bekommen. Der Staat zahlt nicht nur einen Teil der Miete, sondern auch die Heizkosten. So haben wir zwar trotzdem nicht genügend Geld, um mal in Urlaub zu fahren, aber wir müssen im Winter wenigstens nicht frieren.

Wir bekommen Elterngeld. So können wir einerseits 14 Monate bei unserer Tochter zu Hause bleiben, andererseits können wir trotzdem noch unsere Miete bezahlen und nach der Elternzeit wieder in den Beruf einsteigen. Nicht nur die Mutter, sondern auch der Vater kann Elternzeit nehmen und sich um das Kind kümmern. Oder die Eltern können die Zeit unter sich aufteilen.

Mein Vater lebt bei uns und hat Pflegestufe II. Er kann weder seinen Haushalt führen, noch sich allein versorgen. Mit dem Pflegegeld, das wir bekommen, konnte ich meine Arbeitszeit reduzieren. Jetzt kümmere ich mich morgens vor der Arbeit und nachmittags um ihn. So kann er auf der einen Seite in seiner gewohnten Umgebung leben, auf der anderen Seite haben mein Mann und ich mal eine Pause.

# Doppelkonjunktionen

## Zielstrukturen

| | | | |
|---|---|---|---|
| **Sowohl** | Berlin | **als auch** | Bremen sind Stadtstaaten. |
| **Entweder** | wähle ich die SPD | **oder** | die CDU. |
| **Weder** | die Bundeskanzlerin | **noch** | ein Ministerpräsident ist Staatsoberhaupt. |
| **Nicht nur** | Bayern ist ein Bundesland, | **sondern auch** | Sachsen. |
| **Zwar** | ist Deutschland nicht sehr groß, | **aber** | es hat viele Einwohner. |
| **Einerseits** | | **andererseits** | hat es viele Einwohner. |
| **Auf der einen Seite** | | **auf der anderen Seite** | |

## Zielwortschatz

Die Bundesrepublik Deutschland besteht aus 16 **Bundesländern** – 13 **Flächenstaaten** und drei **Stadtstaaten**. Die **Bevölkerungsdichte** ist in Deutschland hoch. Der **Regierungschef** eines Bundeslandes ist der **Ministerpräsident**. In einer Stadt **regiert** der **Bürgermeister**. Die politische **Macht** wird zwischen Bund und Ländern **aufgeteilt**. Jedes Bundesland hat eine eigene **Verfassung**.

Das deutsche **Parlament** heißt **Bundestag**. Die Politiker **stimmen** über die **Gesetze ab**. Das **Volk wählt** die Vertreter des Bundestags. Die Länder sind im **Bundesrat vertreten**. Die **Bundesregierung** (das **Kabinett**) besteht aus dem **Bundeskanzler** und den **Ministern**. Die regierenden **Parteien** sind in einer **Koalition**. Sie haben zusammen die **absolute Mehrheit**. Die anderen Parteien bilden die **Opposition**. Der **Bundespräsident** ist das **Staatsoberhaupt**.

Viele Menschen bekommen staatliche **Unterstützung**, wenn das Geld nicht zum Leben **reicht**. Damit reagiert der Staat auf **Ungerechtigkeiten**. Manche Menschen bekommen **Wohngeld**. Eltern bekommen **Elterngeld**, damit sie **sich** um ihr Kind **kümmern** können. Wenn ältere Menschen nicht mehr allein leben können, bekommen sie **Pflegegeld**. Sie leben in einem Pflegeheim oder bleiben in ihrer gewohnten Umgebung. Wer viel arbeitet, muss **sich** auch **erholen**.

### Übung 1
**Ergänzen Sie.**

Bundespräsident  Koalition  Gesetz  parlamentarische Demokratie  Bundesrat
Bundestag  Bundeskanzler  Stadtstaat

1. Die Bundesrepublik Deutschland ist eine *parlamentarische Demokratie* .
2. Das deutsche Parlament ist der .................................... .
3. Der .................................... regiert Deutschland.
4. Der .................................... ist Deutschlands Staatsoberhaupt.
5. Der .................................... ist die Vertretung der Bundesländer.
6. Zwei oder mehr Parteien bilden eine .................................... .
7. Hamburg ist ein .................................... .
8. Ein .................................... regelt, was erlaubt und was verboten ist.

### Übung 2
**Was gehört zusammen? Ordnen Sie zu.**

| | | | | | |
|---|---|---|---|---|---|
| 1. | Bürgermeister | A. | Staatsoberhaupt | 1. | *C* |
| 2. | Ministerpräsident | B. | Bremen | 2. | |
| 3. | Wohngeld | C. | Rathaus | 3. | |
| 4. | Stadtstaat | D. | Kabinett | 4. | |
| 5. | Bundespräsident | E. | Bundesland | 5. | |
| 6. | Bundeskanzler | F. | Unterstützung | 6. | |
| 7. | Regierung | G. | Regierungschef | 7. | |

### Übung 3
**Bilden Sie Sätze.**

entweder/oder  einerseits/andererseits  zwar/aber  sowohl / als auch
weder/noch

1. Antje möchte / berufstätig sein / Kinder haben
   *Antje möchte sowohl berufstätig sein als auch Kinder haben.*
2. Herr Weber kann / im Landtag sitzen / Mitglied des Bundestags sein
3. Berlin / klein sein / viele Einwohner haben
4. Götz / drei Kinder haben / Erfolg im Beruf haben
5. Doris / einen Arbeitsplatz haben / finanzielle Unterstützung brauchen
6. Alma und Kurt / Hilfe im Alltag brauchen / im Pflegeheim leben

**Übung 4**
Beantworten Sie die Fragen.

1. An wie viele Nachbarstaaten grenzt Deutschland?
2. Wie heißen diese Staaten?
3. Wie heißen die neuen Bundesländer?
4. Wie lange war Deutschland geteilt?
5. Wer bildet zurzeit die Regierung?
6. Welches Bundesland hat die meisten Einwohner?
7. Wer wählt den Bundeskanzler?

**Übung 5**
05 Hören Sie gut zu und korrigieren Sie die Aussagen.

1. *Deutschland hat nicht 20, sondern 16 Bundesländer.*
2. ......
3. ......
4. ......
5. ......
6. ......

**Übung 6**
06 Hören Sie gut zu. Richtig oder falsch?

| | Richtig | Falsch |
|---|---|---|
| 1. Frau Tao findet das deutsche Sozialsystem sehr gut. | ✓ | |
| 2. Sie denkt, dass die Steuern zu hoch sind. | | ✗ |
| 3. Frau Tao hat eine Tochter, für die sie Elterngeld bekommt. | | ✗ |
| 4. In ihrem Heimatland sind Männer und Frauen nicht gleichberechtigt. | ✓ | |
| 5. Sie darf in Deutschland zur Wahl gehen. | | ✗ |
| 6. Frau Tao will die deutsche Staatsbürgerschaft. | ✓ | |

equal rights

choose/elect head of goverment

**Übung 7**
Schreiben Sie die Sätze anders.

1. Der Bundestag wählt den Regierungschef.
*Der Regierungschef wird vom Bundestag gewählt.*
2. Die Parteien stellen Kandidaten auf. die Kandidaten werden von den Parteien aufgestellt.
3. Der Bundestag stimmt über die Gesetze ab.
4. Das Volk wählt die Kandidaten in freier Wahl.
5. Der Bundestag kontrolliert die Regierung.
6. Die Ministerpräsidenten regieren die Bundesländer.
7. Mehrere Parteien bilden eine Koalition.

# Lektion 19 Urlaubszeit – schönste Zeit?

## Lernschritt 55 Gute Reise!

Die Geschichte des Reisens ist so alt wie die Geschichte der Menschen. Schon im alten Ägypten verließen die Menschen ihr Zuhause und reisten zu den Tempeln ihrer Götter. Im antiken Griechenland fuhr man zu den Olympischen Spielen oder zu anderen Festen.

Zur Römerzeit reiste man normalerweise zu Fuß und legte dabei etwa 30 Kilometer pro Tag zurück. Nur wenige reiche Menschen konnten sich ein Pferd oder eine Kutsche leisten. Die Gasthäuser von damals kann man natürlich nicht mit den heutigen Hotels vergleichen. Es waren einfache, möblierte Zimmer, die sich meist viele Reisende teilen mussten. Außerdem hatte man dort die Möglichkeit, etwas zu essen und die Pferde zu wechseln. Es war damals also sehr anstrengend und schwierig, weite Reisen zu unternehmen.

Das erste richtige Hotel eröffnete 1774 in London. Dort gab es die ersten privaten Zimmer mit Frühstücksservice. Erst im 19. Jahrhundert begannen mehr Menschen, Urlaub zu machen. Erste Wandervereine wurden gegründet, und in der Schweiz wurde der Skilauf erfunden. So wurde es den Bauern in den Bergen möglich, auch im Winter ein bisschen Geld mit Feriengästen zu verdienen.

Mit der Erfindung der Luftfahrt wurden auch Fernreisen bequemer. Man machte nun nicht mehr nur Urlaub im eigenen Land, sondern flog auch zu exotischeren Zielen. Ab den 1970er Jahren entwickelte sich der Tourismus immer stärker und wurde zu einem Massenphänomen.

Durch das Internet ist es heute sehr leicht, mit wenigen Klicks das passende Verkehrsmittel und das perfekte Hotel zu finden und zu buchen. Viele Hotels bieten einen All-inclusive Service, bei dem sich die Urlauber um nichts mehr kümmern müssen. Und schon kann sie beginnen, die „schönste Zeit des Jahres".

Web

Startseite Aktualisieren Drucken E-Mail Download Top Seiten

Suchen

http://www.einfachungewoehnlich.de

# Einfach ungewöhnlich

Sie haben vor, dieses Jahr einen ganz besonderen Urlaub zu machen? Eine Reise, die all ihre Freunde und Kollegen neidisch macht? Dann sind Sie auf unserer Webseite genau richtig, denn hier finden Sie Hotels, die noch niemand kennt, aber über die bald alle sprechen werden.

Vielleicht gefällt es Ihnen ja, einmal wie die Inuit zu schlafen? In unserem Igluhotel am Nordpol wird dieser Traum wahr. Nur Eis und Schnee, romantisches Kerzenlicht, ein wärmendes Feuer und absolute Stille unter einem traumhaften Sternenhimmel! (325 Euro / Übernachtung, inkl. Frühstück)

Oder möchten Sie sich einmal fühlen wie Arielle, die kleine Meerjungfrau? Im Unterwasserhotel „Neptunia" schlafen Sie mitten im Ozean. Durch die großen Panoramafenster können Sie beobachten, wie die Meeresbewohner leben. (280 Euro / Übernachtung, inkl. Frühstück)

Hat es Ihnen als Kind auch Spaß gemacht, Cowboy und Indianer zu spielen? Dann sollten Sie unbedingt einmal in unserem Tipidorf übernachten. Das Dorf liegt mitten in einem Nationalpark, umgeben von herrlicher Natur. (54 Euro / Übernachtung)

Sie möchten Berlin und seine schönen Sehenswürdigkeiten kennenlernen, aber haben nicht genug Geld für ein teures Großstadthotel? Kein Problem, schlafen Sie doch im Gurkenfass! In unseren liebevoll eingerichteten Gurkenfasshotelzimmern mitten im Herzen von Berlin träumen Sie süß und können alle wichtigen touristischen Attraktionen und Veranstaltungen bequem zu Fuß erreichen. (45 Euro / Übernachtung)

## Lernschritt 57 Mein Haus ist dein Haus

Würden Sie Ihr Haus in den Ferien zwei Wochen lang Unbekannten überlassen? Können Sie sich vorstellen, in dieser Zeit selbst in ein anderes Haus zu ziehen? Viele Europäer tauschen für einen kurzen Zeitraum ihr Zuhause und verbringen so einen günstigen Urlaub im Land ihres Tauschpartners. Besonders für Familien ist der Haustausch nicht nur ein kostensparender Weg, die Welt zu bereisen, sondern auch eine gute Möglichkeit, andere Lebensgewohnheiten und eine andere Kultur kennenzulernen. Ein tolles Konzept für unkomplizierte Leute mit Eigeninitiative! Oder?

„Genau mein Ding! Unkonventionell und spannend!“ (Lisa, 22, Studentin aus Bern)

„Für meine Familie genau das Richtige. Unser Budget ist nämlich nicht so üppig.“ (Manfred, 34, Familienvater aus Graz)

„Also, ich weiß nicht. Fremden Leuten mein Haus zu überlassen – das gefällt mir gar nicht.“ (Ute, 42, Bankkauffrau aus München)

„Geht gar nicht! Ich habe nicht die Absicht, im Urlaub selbst zu kochen und zu putzen.“ (Sarah, 30, Designerin aus Berlin)

„Dadurch bin ich richtig nah an den Menschen und dem Land. Ich fühle mich nicht so sehr wie ein Tourist.“ (Ralf, 38, Lehrer aus Köln)

„Es macht Spaß, auf diese Art und Weise ein neues Land zu erkunden.“ (Henning, 27, Informatiker aus Wuppertal)

## Zielstrukturen

| | | | | |
|---|---|---|---|---|
| Es ist | interessant, | eine lange Reise | **zu** | machen. |
| | verboten, | im Museum. | | fotografieren. |
| | schön, | im Urlaub | aus**zu**schlafen. | |
| Es macht ihm Spaß, | am Wochenende mit seinen Kindern | | **zu** | spielen. |
| Er hat heute keine Lust, | in die Schule | | | gehen |
| Ich habe Lust, | in den Ferienpark | | mit**zu**kommen. | |
| Wir haben die Absicht, | möglichst früh | | los**zu**fahren. | |
| Wir beabsichtigen, | diese Reise noch einmal | | **zu** | machen. |
| Ihr habt vor, | euren Urlaub im Internet | | | buchen. |
| Sie rät uns, | die Sehenswürdigkeiten zu Fuß | | | besichtigen. |

## Zielwortschatz

Bevor man eine Reise bucht, sollte man alle Angebote **prüfen**. Wir verbringen unseren Urlaub lieber in einem Hotel als in einem Ferien-**Appartement**. Können Sie mir einen günstigen Flug **anbieten**? Die Angestellten im Reisebüro beraten die Kunden und geben **Auskünfte**. Für welches Reise**ziel** habt ihr euch entschieden?

**Herzlich willkommen** in unserem Hotel. Der Urlaub war sehr **angenehm**; ich konnte mich gut erholen. Diese Ausstellung ist wirklich sehr **sehenswert**. Wo findet die **Veranstaltung** statt? Vom Bahnhof können Sie unser Hotel in zehn Gehminuten **erreichen**. In einem **Nationalpark** kann man viele Tiere beobachten.

Sie hat nicht die **Absicht**, im Urlaub in einem Zelt zu schlafen.

**Übung 1**
**Ergänzen Sie die Sätze.**

regnen reisen prüfen tragen beraten helfen buchen anbieten

1. Gleich fängt es an .................... .
2. Er hat vorgeschlagen, mir beim Packen .................... .
3. Ich bitte dich, ein anderes Hotel .................... .
4. Hilf mir bitte, den schweren Koffer .................... .
5. Zu seinem Beruf gehört es, die Kunden .................... .
6. Er hat vor, zum Nordkap .................... .
7. Ich habe keine Lust, ihm meine Hilfe .................... .
8. Es ist wichtig, alle Angebote .................... .

**Übung 2**
**Was gehört zusammen? Ordnen Sie zu.**

| | | | |
|---|---|---|---|
| 1. Es ist mir eine Freude, Sie endlich ... | A. zu gehen? | 1. | |
| 2. Ich habe keine Zeit, mein Zimmer ... | B. zu begrüßen. | 2. | |
| 3. Er hat Angst, die Prüfung nicht ... | C. zu schlafen. | 3. | |
| 4. Hast du Lust, mit mir ins Kino ... | D. zu ärgern. | 4. | |
| 5. Sie hat die Absicht, nach Paris ... | E. zu fahren. | 5. | |
| 6. Achim hat riesigen Spaß, den Lehrer ... | F. zu gewinnen. | 6. | |
| 7. Er hat die Angewohnheit, lange ... | G. zu bestehen. | 7. | |
| 8. Ich hoffe darauf, am Samstag ... | H. aufzuräumen. | 8. | |

**Übung 3**
**Richtig oder falsch? Lesen Sie Lernschritt 55 noch einmal und wählen Sie aus.**

| | Richtig | Falsch |
|---|---|---|
| 1. Seit es Menschen gibt, reisen sie aus den verschiedensten Gründen. | | |
| 2. Im alten Rom liefen die Menschen jeden Tag 30 Kilometer zu Fuß. | | |
| 3. Die Gasthäuser waren früher sehr einfach und boten wenig Komfort. | | |
| 4. Im ersten Hotel in London musste man das Zimmer nicht mehr teilen. | | |
| 5. Der Wintertourismus half den Menschen, die in den Bergen lebten. | | |
| 6. Die Erfindung des Flugzeugs ermöglichte es den Menschen, bequem in fernere Länder zu reisen. | | |
| 7. Durch das Internet wurde der Tourismus zum Massenphänomen. | | |
| 8. Die All-inclusive Hotels kann man nur online buchen. | | |

**Übung 4**
**Lesen Sie Lernschritt 56 noch einmal und verbinden Sie.**

1. Die Hotels auf dieser Webseite
2. Im Iglu
3. Die Zimmer im Unterwasserhotel
4. Das Tipidorf
5. Im Gurkenfasshotel
6. Die teuerste Übernachtung
7. Das Frühstück
8. Hotels in der Nähe von Sehenswürdigkeiten

A. schläft man am billigsten.
B. ist nur bei zwei Hotels inklusive.
C. liegt in einem Nationalpark.
D. sind oft sehr teuer.
E. haben große Glasfenster.
F. hat man im Eishotel.
G. sind noch unbekannt.
H. ist es nachts sehr ruhig und man kann die Sterne sehen.

| | |
|---|---|
| 1. | G |
| 2. | H |
| 3. | E |
| 4. | C |
| 5. | A |
| 6. | F |
| 7. | B |
| 8. | D |

**Übung 5**
**Führen Sie einen Dialog.**

Sie wollen im Sommer eine Urlaubsreise machen und gehen ins Reisebüro, um sich zu informieren. Ihr Gesprächspartner arbeitet im Reisebüro und berät Sie.

**Übung 6**
**Setzen Sie die passenden Wörter in der richtigen Form ein.**

Auskunft sehenswert Reiseziel angenehm erholen Nachteil

1. Wohin fährst du im Sommer? Hast du dich endlich für ein Reiseziel entschieden?
2. Es hat auch viele Nachtiele, wenn du im Internet buchst.
3. Hatten Sie einen angenehmen Flug?
4. Die Dame im Reisebüro hat mir ein paar nützliche Auskünfte gegeben.
5. Du siehst wirklich gut aus. – Ja, ich habe mich im Urlaub sehr gut erholt.
6. Im Museum für Moderne Kunst gibt es immer wieder Sehenswerte Ausstellungen. (exhibition)

**Übung 7**
**Hören Sie gut zu. Richtig oder falsch?**
07

| | Richtig | Falsch |
|---|---|---|
| 1. Frau Meier war letztes Jahr in Finnland im Urlaub. | | ✓ |
| 2. Die Unterlagen hat sie der Agentur vor vier Wochen zugeschickt. | ✓ | |
| 3. Die Reiseagentur hat noch nicht reagiert. (reacted) | ✓ | |
| 4. Der Agenturchef war drei Wochen auf Geschäftsreise. | | ✓ |
| 5. Der Agenturchef verspricht, dass Frau Meier in zwei Wochen ihr Geld bekommen wird. | | ✓ |

Lektion

# 20 Mein Leben heute

## Lernschritt 58 Manches ist immer noch neu

Liebe Astrid,

vielen Dank für Deinen Brief und die neuesten Nachrichten aus der Heimat. Wie du weißt, bin ich nun schon seit eineinhalb Jahren in Stuttgart und fühle mich inzwischen richtig wohl hier. Ich schreibe Dir auf Deutsch, damit Du siehst, wie gut mir das schon gelingt.

Als ich damals zum Arbeiten herkam, hatte ich keine Vorstellung davon, wie anders das Leben in Deutschland ist. Nicht nur an die neue Sprache musste ich mich gewöhnen, sondern auch an die Mentalität der Menschen. Das habe ich aber während meiner Zeit hier gut geschafft.

Zum Glück habe ich in der Praxis sehr nette Kolleginnen, die mir bis heute bei allem helfen. Sie haben mich bei der Wohnungssuche und beim Autokauf beraten und mir geholfen, mich mit dem Computer zurechtzufinden und die deutsche Arbeitsweise zu verstehen. Es ist schon ein großer Unterschied zu dem, was ich gewohnt war, und es gibt immer noch Dinge, mit denen ich nicht so gut klarkomme, aber ich lerne täglich dazu.

Etwas schwieriger war es, mit gleichaltrigen Leuten in Kontakt zu kommen, weil die alle bereits ihren festen Freundeskreis haben. In der Zwischenzeit habe ich aber eine nette Freundin gefunden. Sie trainiert im gleichen Fitnessstudio wie ich, und wir unternehmen viel miteinander.

So, jetzt muss ich aber Schluss machen und ins Bett gehen – morgen ist ein langer Tag.

Liebe Grüße aus Stuttgart nach Stockholm

Deine Gunilla

Ist das nicht wunderschön hier? Die Blumen blühen, und im Garten wachsen Erdbeeren. Ich kann mir einfach nicht vorstellen, woanders zu leben. In einer Stadt oder sogar in einer Großstadt? Vielleicht noch in einem dieser Hochhäuser? Nein, das wäre nichts für mich. Ich freue mich jeden Tag darauf, von der Arbeit nach Hause zu kommen und mich in meinem Garten auszuruhen. Besonders für unseren kleinen Sohn ist es hier einfach wunderbar. Jeder im Ort kennt jeden, die Kinder können draußen spielen und müssen keine Angst davor haben, überfahren zu werden, weil hier auf den Straßen niemand rast. Auch im Kindergarten ist es toll: Man kennt sich und unternimmt auch am Nachmittag oder am Wochenende etwas miteinander. Wir fühlen uns auf dem Land fantastisch: Natur, frische Luft, familiäre Atmosphäre, und es gibt alles, was man zum Leben braucht – einen Supermarkt, eine Apotheke und sogar einen Arzt.

Ich würde meine Wohnung in der Stadt niemals aufgeben. Ich mag den Komfort, die Flexibilität und die Unabhängigkeit des Stadtlebens. Auf all das verzichten? Nein, ich könnte nie außerhalb der Stadt leben und mich daran gewöhnen, dass jeder jeden kennt. Ich brauche meine Anonymität und möchte die Tür für Besucher nur öffnen, wenn ich das will. Wir brauchen kein zweites Auto, da meine Frau und ich beide mit S- und U-Bahn zur Arbeit fahren können. Unsere Tochter geht in den Ganztagskindergarten, wo sie Kinder aus verschiedenen Kulturkreisen kennenlernt. Für uns ist das Leben in der Großstadt ein Traum. Es ist toll, jederzeit ausgehen zu können: ins Kino, ins Theater, ins Konzert, ins Restaurant, im Sommer ins Schwimmbad und im Winter in die Eishalle. Wir können uns ein Leben ohne diesen Komfort einfach nicht vorstellen.

*Reisen Sie beruflich?*

*Ja, ich bin auf dem Weg zu einer Besprechung in meiner Firma. Und Sie?*

*Ich fliege zur Messe nach Zürich. Das mache ich zwei- bis dreimal pro Jahr. Ich finde das immer ganz interessant und freue mich jedes Mal, wenn es wieder so weit ist.*

*Zwei- bis dreimal pro Jahr? Ich fliege jede Woche hin und her. Dieses Mal sogar früher als sonst – wegen einer Besprechung.*

*Wie? Sie pendeln jede Woche zwischen Wien und Zürich? Das stelle ich mir aber spannend und abwechslungsreich vor! Was machen Sie denn beruflich?*

*Ich bin im IT-Support einer großen Firma tätig. Ich mag meine Arbeit sehr. Aber manchmal ist dieses dauernde Pendeln auch anstrengend.*

*Das klingt ja so, als würden Sie das nicht gerne tun. Ich hätte nichts dagegen, mehr unterwegs zu sein.*

*Doch, ich mache das schon sehr gerne. Ich bin nur leider oft von meiner Familie getrennt, und meine Kinder fehlen mir, wenn ich unterwegs bin. Am liebsten würde ich sie alle mitnehmen. Auf der anderen Seite erlebe ich viel und lerne immer wieder nette Leute kennen – so wie zum Beispiel Sie.*

*So habe ich das noch nie gesehen. Man sieht ja immer nur eine Seite der Medaille. Klingt schon ziemlich turbulent. Viel Erfolg bei Ihrer Besprechung!*

## Zielstrukturen

| | | |
|---|---|---|
| Ich hoffe auf Nachrichten | **aus** | der Heimat. |
| Ich freue mich auf Post | **von** | dir. |
| Ich bin | **zu** | Hause. |
| Maria ist | **in** | der Praxis. |
| Du fährst | **nach** | Stockholm. |
| Ich komme | **von** | der Arbeit nach Hause. |
| Am Freitag gehen wir | **ins** | Theater. |
| Am Samstag gehen wir | **zum** | Fußballspiel. |
| Er pendelt | **zwischen** | zwei Ländern. |
| Wir leben | **innerhalb** | einer Gemeinschaft. |
| Ihr lebt | **außerhalb** | der Stadt. |
| Ich muss | **wegen** | einer Sitzung nach Zürich. |
| Musst du | **für** | deine Prüfung lernen? |
| Sie leidet | **unter** | ihrem Chef. |
| Er freut sich | **an** | der Natur. |
| Ich lebe hier | **seit** | drei Jahren. |
| Wir machen | **im** | August Urlaub. |
| Seid ihr | **um** | 20 Uhr zu Hause? |
| Wir sind | **ab** | 9 Uhr erreichbar. |
| Das habe ich | **während** | meiner Zeit hier geschafft. |

| | |
|---|---|
| **Womit** kommst du nicht klar? | – Ich komme nicht **damit** klar, dass hier alle unfreundlich sind. |
| **Wobei** hat dich der freundliche Herr beraten? | – Er hat mich **bei** der Wohnungssuche beraten. |
| **Wovor** hat das Kind Angst? | – Es hat Angst **davor**, überfahren zu werden. |
| **Worauf** willst du nicht verzichten? | – Ich will nicht **auf** meine Unabhängigkeit verzichten. |
| **Worunter** leidet er? | – Er leidet **unter** der Trennung von seinen Kindern. |

## Zielwortschatz

Ich höre die neuesten **Nachrichten** aus der **Heimat**. Ich musste **mich** erst **an** das Klima **gewöhnen**, aber jetzt habe ich es **geschafft**. Meine Kollegen haben mich beraten. Ich möchte mit **gleichaltrigen** Leuten **in Kontakt kommen**. Die haben einen festen **Freundeskreis**. Es **gelingt** mir inzwischen gut, Deutsch zu sprechen.

Das Leben **auf dem Land** ist wunderschön. Die Blumen **blühen**. In meinem Garten kann ich **mich** nach der Arbeit **ausruhen**. Ich möchte das Leben in der Stadt nicht **aufgeben**. **Auf** den Komfort will ich nicht **verzichten**. Die Autofahrer rasen manchmal. Heute Abend **gehen** wir **aus**.

Ich freue mich, wenn es wieder **so weit** ist. Ich muss **beruflich pendeln**. Das ist bestimmt **abwechslungsreich**. Ich **habe nichts dagegen**, viel **unterwegs** zu sein. Aber ich würde meine Familie **mitnehmen**.

**Übung 1**
**Setzen Sie die passenden Wörter ein.**

nach am in seit vor bis zwischen über außerhalb wegen

1. Dieses Jahr fahre ich in den Urlaub *nach* Italien.
2. Am ........ Mittwoch habe ich eine Besprechung in der Schule.
3. Die Bank ist zwischen ........ 12 und 14 Uhr geschlossen.
4. Der Kollege lebt seit ........ sechs Monaten in Köln und bleibt noch bis ........ Dezember.
5. Wegen ........ des schlechten Wetters konnte er nicht Ski fahren.
6. Sie hat Angst vor ........ weißen Mäusen.
7. Unser Flug geht über ........ Frankfurt, und wir landen in ........ Dubai.
8. Sie rufen außerhalb ........ unserer Sprechzeiten an.

**Übung 2**
**Was ist richtig? Lesen Sie Lernschritt 59 noch einmal und entscheiden Sie.**

1. Das Paar im Garten lebt gerne ... . *B*
   A. in der Stadt B. auf dem Land C. in der Großstadt
2. Der Mann freut sich auf ..., wenn er von der Arbeit kommt.
   A. sein schönes Haus B. seine Tochter C. seinen Garten
3. Die Leute im Dorf unternehmen ... etwas miteinander.
   A. am Wochenende B. freitags C. abends
4. Im Dorf gibt es ... .
   A. ein Kaufhaus B. einen Supermarkt C. einen Arzt
5. Das Paar an der Haltestelle möchte nicht auf ... verzichten.
   A. die Unabhängigkeit B. die familiäre Atmosphäre C. den Ganztagskindergarten
6. Die Frau fährt ... zur Arbeit.
   A. mit dem Auto B. mit dem Bus C. mit der U-Bahn

**Übung 3**
**Stellen Sie Fragen.**

1. *Mit wem telefonierst du gerade*? (du / gerade telefonieren) – Mit meiner Freundin.
2. ........................................? (er / gestern sprechen) – Über die Prüfung.
3. ........................................? (du / sich besonders freuen) – Auf den Urlaub.
4. ........................................? (du / große Angst haben) – Vor dir.
5. ........................................? (Sie / besonders leiden) – Unter der Einsamkeit.
6. ........................................? (er / sich nur schwer gewöhnen) – An das Wetter.

**Übung 4**
**Halten Sie eine kurze Präsentation.**

Leben Sie lieber in der Stadt oder auf dem Land? Welche Gründe sind dafür entscheidend? Wo sehen Sie die Vor- und Nachteile?

**Übung 5**
**Unterstreichen Sie das passende Wort.**

Lieber Mark,

Du wirst nicht glauben, was mir gestern passiert ist. Hör dir einmal diese Geschichte an: Gestern, als ich (1.) *in/von/über/bei* der Arbeit (2.) *bei/zu/nach/in* Hause gefahren bin, musste ich noch einkaufen und habe (3.) *im/zum/in/bei* Supermarkt einen alten Freund getroffen. Er hat mich (4.) *nach/zu/von/auf* einen Kaffee (5.) *von/zu/über/auf* sich eingeladen. (6.) *Bei/Wegen/In/Auf* dem Weg (7.) *zu/in/nach/bei* seiner Wohnung hatten wir einen Unfall, (8.) *in/mit/auf/bei* dem er sich das Bein gebrochen hat. Deshalb musste ich ihn (9.) *zur/im/ins/nach* Krankenhaus fahren, und er bekam einen Gipsverband. (10.) *Mit/Wegen/An/Bei* des Gipses konnte er nicht mehr mit dem Auto (11.) *nach/zu/an/in* Hause fahren, und ich musste ihn (12.) *mit/an/durch/von* seinem Auto zu seiner Freundin fahren, die natürlich schockiert war. Sie war froh, dass ihm nichts Schlimmeres passiert war und hat uns ganz spontan (13.) *auf/nach/im/zum* Essen eingeladen. (14.) *Innerhalb/Seit/Ab* von 15 Minuten war das Essen fertig, und wir haben ganz lecker gegessen. Als sie das Geschirr vom Tisch abräumen wollte, fiel ihr die Pfanne (15.) *in/durch/auf/zu* den Fuß. Und dann ging alles (16.) *bis/in/nach/von* vorne los: Krankenhaus, Gips usw. Tja, jetzt wohnen sie beide für zwei Wochen bei mir, und Zeit für Gespräche haben wir jetzt auch genug.

Liebe Grüße
Dein Philipp

**Übung 6**
**Hören Sie gut zu und ergänzen Sie.**
09

1. Herr Petrov ist in ... aufgewachsen. A
   A. Georgien B. Russland C. Schweden
2. Herr Petrov war ... Jahre alt, als er nach Deutschland kam.
   A. 15 B. 16 C. 13
3. Herr Petrov ist mit ... eingereist.
   A. seinem Bruder B. seiner Tante C. seiner Schwester
4. Der Unterricht in der Heimat war ... als in Deutschland.
   A. schwerer B. leichter C. anders
5. Sein ... hat sein Talent gleich erkannt.
   A. Musiklehrer B. Klavierlehrer C. Gitarrenlehrer
6. Der Musiklehrer hat ... Geld von Herrn Petrov bekommen.
   A. wenig B. viel C. kein

# Lektion 16–20 Grammatik auf einen Blick

**Konjunktiv II**

**Höflichkeit**
**Würden** Sie mir bitte helfen?
**Wären** Sie so nett, mir zu helfen?
**Hätten** Sie einen Augenblick Zeit?
**Dürfte** ich Sie etwas fragen?
Ich **bräuchte** ein Medikament gegen Kopfschmerzen.

**Irrealität**
Wenn ich ein Millionär **wäre**, **würde** ich … .
**Hätte** ich eine Million Euro, **würde** ich … .
**Könnte** ich fliegen, **würde** ich … .
Wenn ich meinen Lieblingsstar treffen **dürfte**, **würde** ich … .

**Rat/Empfehlung**
Du **solltest** mehr Sport treiben.
An Ihrer Stelle **würde** ich … .

**Konjunktiv II: Formen**

| | sein | haben | werden |
|---|---|---|---|
| ich | wäre | hätte | würde |
| du | wärst | hättest | würdest |
| er/sie/es | wäre | hätte | würde |
| wir | wären | hätten | würden |
| ihr | wärt | hättet | würdet |
| Sie/sie | wären | hätten | würden |

**Modalverben**
Ich müsste/könnte/wollte/dürfte/sollte/möchte...

**Zweigliedrige Konjunktionen**

Ich kenne **sowohl** Berlin **als auch** Hamburg.
**Sowohl** in Sachsen **als auch** in Hessen wird heute gewählt.
Ich fahre **entweder** nach Berlin, **oder** ich bleibe in Frankfurt.
**Entweder** fahre ich nach Berlin, **oder** ich bleibe in Frankfurt.
Der Bundespräsident sitzt **weder** im Bundestag **noch** im Bundesrat.
**Weder** die Bundeskanzlerin **noch** ein Ministerpräsident ist Staatsoberhaupt.
Er bekommt **nicht nur** Arbeitslosengeld, **sondern auch** Wohngeld.
**Nicht nur** in Hamburg, **sondern auch** in Bremen wird heute gewählt.
Berlin ist **zwar** nicht sehr groß, **aber** es hat viele Einwohner.
**Zwar** ist Berlin nicht sehr groß, es hat **aber** viele Einwohner.
**Einerseits** / **Auf der einen Seite** ist er arm, **andererseits** / **auf der anderen Seite** spendet er viel.
Er ist **einerseits** / **auf der einen Seite** arm, spendet **andererseits** / **auf der anderen Seite** aber viel.

| | |
|---|---|
| **Infinitivkonstruktionen** | Es ist **verboten**, im Auto mit dem Handy **zu** telefonieren.<br>Er hat die **Angewohnheit**, jeden Tag um 5 Uhr auf**zu**stehen.<br>Wir **planen**, dieses Jahr nach Italien **zu** reisen. |

| | | |
|---|---|---|
| **Wechselpräpositionen mit Dativ oder Akkusativ** | Das Sofa steht **an** der Wand. | Er stellt das Sofa **an** die Wand. |
| | Sie lebt **auf** dem Land. | Sie fährt am Wochenende **auf** das Land. |
| | Das Kind steht **hinter** dem Baum. | Es stellt sich **hinter** den Baum. |
| | Er arbeitet **in** der Stadt. | Er geht am Samstag **in** die Stadt. |
| | Die Post ist **neben** der Bank. | Sie setzt sich **neben** mich. |
| | Herr Huber wohnt **über** mir. | Er hängt die Lampe **über** den Tisch. |
| | Ich wohne **unter** ihm. | Der Ball rollt **unter** das Sofa. |
| | Das Fahrrad steht **vor** der Garage. | Ich stelle das Fahrrad **vor** den Zaun. |
| | Er pendelt **zwischen** zwei Städten. | Er stellt die Tasche **zwischen** die Sitze. |

| | | | | |
|---|---|---|---|---|
| **Temporale Präpositionen** | **Wann** habt ihr euch getroffen? | – Wir haben uns | **im** Januar | getroffen. |
| | | | **in der** letzten Woche | |
| | | | **im** vorigen Jahr | |
| | | | **am** Dienstag | |
| | | | **am** 4. August | |
| | | | **vor** drei Tagen | |
| | **Seit wann** leben Sie in Berlin? | – Ich lebe | **seit** einem Jahr | in Berlin. |
| | Was machen Sie **während** einer Zugfahrt? | – **Während** einer Zugfahrt lese ich Zeitung. | | |

| | | | |
|---|---|---|---|
| **Lokale Präpositionen** | **Wohin?** | **Wo?** | **Woher?** |
| | nach Wien | in Wien | aus/von Wien |
| | in den Park | im Park | aus dem / vom Park |
| | in die Schule | in der Schule | aus/von der Schule |
| | ins Kino | im Kino | aus dem / vom Kino |
| | zur Arbeit | bei der Arbeit | aus/von der Arbeit |
| | nach Hause | zu Hause | von zu Hause |

| | | |
|---|---|---|
| **Verben mit festen Präpositionen** | **Worauf** wartet er? | Er wartet **auf** den Zug.<br>Er wartet **darauf**, in den Zug **zu** steigen.<br>Er wartet **darauf**, **dass** der Zug endlich kommt. |
| | **Auf wen** wartet ihr? | Wir warten **auf** unseren Freund. |

Lektion

# 16–20 Wortschatz auf einen Blick

| | |
|---|---|
| **Träume** | draußen, die Erfüllung, (im Lotto) gewinnen, der Höhepunkt, der runde Geburtstag, toll, der Traum, verrückt, die Zeitzone |
| **Wohlbefinden finden** | bluten, erbrechen, das Hausmittel, das Hausrezept, husten, der Husten, die Kraft, die Lunge, (sich) den Magen verderben, das Pflaster, stürzen, die Untersuchung, verbinden, verletzen, (sich) wohlfühlen, die Wunde |
| **Politik in Deutschland** | die absolute Mehrheit, abstimmen, aufteilen, die Bevölkerungsdichte, der Bundeskanzler, das Bundesland, der Bundespräsident, der Bundesrat, die Bundesregierung, der Bundestag, der Bürgermeister, das Elterngeld, (sich) erholen, der Flächenstaat, das Gesetz, das Kabinett, die Koalition, (sich) kümmern, die Macht, der Minister, der Ministerpräsident, die Opposition, das Parlament, die Partei, das Pflegegeld, regieren, der Regierungschef, reichen, das Staatsoberhaupt, der Stadtstaat, die Ungerechtigkeit, die Unterstützung, die Verfassung, vertreten, das Volk, wählen, das Wohngeld |
| **Urlaubszeit – schönste Zeit?** | die Absicht, anbieten, angenehm, das Appartement, die Auskunft, erreichen, Herzlich willkommen, der Nationalpark, prüfen, sehenswert, die Veranstaltung, das Ziel |
| **Mein Leben heute** | abwechslungsreich, auf dem Land, aufgeben, ausgehen, (sich) ausruhen, beruflich, blühen, der Freundeskreis, gelingen, (sich) gewöhnen an, gleichaltrig, die Heimat, in Kontakt kommen, mitnehmen, die Nachricht, nichts dagegen haben, pendeln, schaffen, so weit, unterwegs, (auf etwas) verzichten |

# Sprachkompetenzen auf einen Blick Lektion 16–20

| Nach den Lektionen 16–20 kann ich ... | | Lernschritt |
|---|---|---|
| | höfliche Bitten formulieren | 46 |
| | über meine Träume und Wünsche sprechen | 47 |
| | Ratschläge und Empfehlungen erteilen | 48 |
| | über einfache Krankheiten, kleine Unfälle und deren Behandlung sprechen sowie Ratschläge geben | 49 |
| | ein Gespräch mit dem Arzt führen | 50 |
| | in der Apotheke Rezepte einlösen und höflich Ratschläge einholen | 51 |
| | über die Bundesrepublik Deutschland sprechen | 52 |
| | das politische System Deutschlands verstehen | 53 |
| | über Arten der staatlichen Unterstützung berichten | 54 |
| | über Urlaubsbuchung im Reisebüro oder Internet diskutieren | 55 |
| | verschiedene Angebote zu Hotels vergleichen | 56 |
| | Alternativen zu herkömmlichen Urlaubsunterkünften besprechen | 57 |
| | über eigene Erfahrungen in Deutschland, Österreich oder der Schweiz sprechen | 58 |
| | Vor- und Nachteile des Lebens auf dem Land / in der Stadt abwägen | 59 |
| | Meinungen zum Pendeln äußern | 60 |

Lektion

# 21 Das schaffen wir schon!

## Lernschritt 61 Beschwerden im Internet

*Hi Dimitri! Na, ist das dein neuer Laptop?*
*Hallo Larissa! Ja, das ist er... Er ist gestern gekommen.*
*Du siehst aber nicht sehr glücklich aus. Bist du mit dem Gerät nicht zufrieden?*
*Nein, gar nicht. Die Beschreibung des Verkäufers klang so gut, aber es gibt viele Dinge, die mich stören.*
*Was denn?*
*Der Laptop ist sehr laut. Hör mal, wie der brummt! Da kann man sich nicht gut konzentrieren. Und der Bildschirm ist auch nicht so toll, ich finde ihn viel zu dunkel.*
*Schick ihn doch einfach zurück und such dir ein anderes Gerät aus!*
*Das geht leider nicht, das war ein Sonderangebot.*
*Dann solltest du dich wenigstens bei dem Verkäufer beschweren.*
*Ich weiß nicht,... ich will da nicht anrufen. So gut ist mein Deutsch noch nicht.*
*Du brauchst doch nicht anzurufen. Die haben bestimmt ein Bewertungsportal im Internet. Da kann man seine Meinung schreiben und andere Käufer warnen.*
*Muss ich auf dieser Seite meinen Namen und meine Adresse angeben?*
*Nein, du brauchst da nichts anzugeben. Auf den meisten Bewertungsportalen kann man auch anonym schreiben.*
*Hilfst du mir dabei?*
*Natürlich, komm, ruf mal die Seite auf!*

### Laptop „X7F3"

**Bewertungen:**

Mina74: Ein Superteil! Und so preiswert! Ich bin begeistert! Dünn, leicht und sieht schick aus! ★★★★★

Holger L.: So lala, ist auf jeden Fall besser als mein alter PC, aber der Bildschirm könnte heller sein. ★★★

Hr. Max Feiler: Ein tolles Gerät! Seit ich diesen Laptop habe, ist meine Arbeit ein Vergnügen. Alle meine Kollegen sind neidisch auf mich. ★★★★★

D.K.: Der Laptop funktioniert zwar gut, aber er macht sehr laute Geräusche. Das stört mich beim Arbeiten. Der Bildschirm ist zu dunkel, deswegen tun mir nach etwa zwei Stunden die Augen weh. ★★

## Lernschritt 62 Beschweren Sie sich!

*Guten Tag, kann ich Ihnen helfen?*

*Ja, hier bitte. Dieses Paket hat man mir gestern geliefert. Schauen Sie sich das einmal an! Es ist ganz kaputt.*

*Das tut mir leid, das ist wohl beim Transport passiert. Ist der Inhalt auch beschädigt?*

*Ja, leider. Ich habe Bücher bestellt, und die sind eingerissen oder geknickt. Ich wollte sie verschenken.*

*In Ordnung. Würden Sie bitte dieses Formular ausfüllen? Dann werden wir Ihnen den Schaden selbstverständlich ersetzen.*

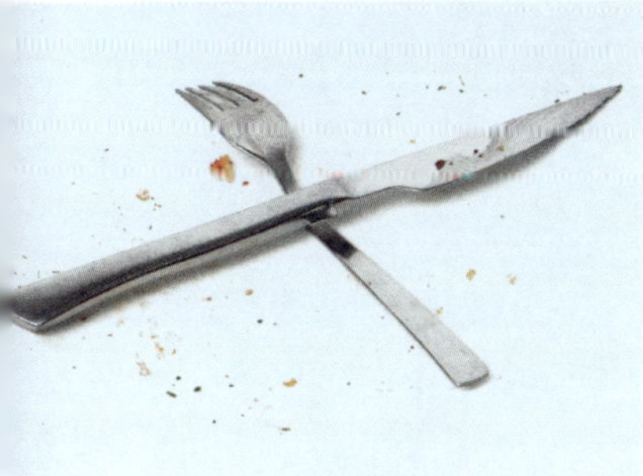

*Herr Ober? Könnten Sie bitte mal herkommen?*

*Ja, mein Herr? Was kann ich für Sie tun?*

*Würden Sie uns bitte frisches Besteck bringen? Dieses hier ist verschmutzt.*

*Entschuldigen Sie vielmals. Ich bringe Ihnen sofort neues Besteck.*

*Sie müssten mir schon den Kassenzettel bringen. Ohne die Rechnung darf ich den Pullover leider nicht zurücknehmen.*

*Aber ich habe ihn hier gekauft. Wo denn sonst? Diese Marke gibt es doch nur in diesem Geschäft.*

*Ich weiß, trotzdem brauche ich den Kassenbon.*

*Das ist nicht sehr kundenfreundlich. Ich kaufe seit vielen Jahren hier ein. Da könnten Sie wirklich ein Auge zudrücken und den Pullover umtauschen.*

*Wir haben leider unsere Vorschriften.*

*Mein Koffer ist weg! Ich habe zwei Stunden an der Gepäckausgabe gewartet, aber er ist nicht gekommen.*

*Sie sollten ruhig bleiben! Bestimmt finden wir ihn noch. Ich habe bereits meine Kollegen informiert.*

*Und was, wenn Sie ihn nicht finden? In dem Koffer sind alle meine Dokumente. Wie soll ich ohne meine Papiere an der Konferenz teilnehmen?*

*Ich schlage vor, dass Sie erst einmal auf unsere Kosten einen Kaffee trinken. Ich informiere Sie sofort, wenn Ihr Koffer wieder da ist.*

*Kaffee? Ich will keinen Kaffee. Die Konferenz beginnt in einer halben Stunde.*

*Hier, sehen Sie auf meinen Kontoauszug! Ich habe gestern 100 Euro am Automaten abgehoben, und Sie haben 200 Euro abgebucht.*

*So etwas dürfte eigentlich nicht passieren.*

*Dürfte! Sollte! Hätte! Mir reicht es jetzt! Das ist schon das dritte Mal, dass so etwas passiert. Ich gehe zu einer anderen Bank.*

Hallo Mesut! Wie geht's? Seid ihr schon umgezogen?
*Vicky, das ist ja eine Überraschung! Ja, wir wohnen schon seit einem Monat in unserer neuen Wohnung. Du solltest uns bald mal besuchen.*
Gerne, das mache ich. Und, fühlt ihr euch schon wie zu Hause?
*Ach, weißt du... Die Wohnung ist wirklich ein Traum, aber leider haben wir eine ganz schreckliche Nachbarin, die sich über alles beschwert.*
Wirklich? Worüber denn?
*Sie beschwert sich darüber, dass unsere Kinder im Garten spielen. Sie ärgert sich darüber, dass wir am Wochenende oft Besuch bekommen. Gestern hat sie sich darüber aufgeregt, dass wir nach 22 Uhr noch duschen.*
Oje, das hört sich gar nicht gut an.
*Ja, ich habe auch mit den anderen Nachbarn gesprochen. Jeder hatte schon einmal Ärger mit ihr. Als ein Nachbar letztes Jahr seinen Geburtstag gefeiert hat, hat sie sogar die Polizei gerufen. Alle Nachbarn haben Angst davor, mit ihr zu sprechen. Und hier, schau, heute Morgen hatten wir diesen Beschwerdebrief im Briefkasten. Sie hat eine lange Liste geschrieben und damit gedroht, die Hausverwaltung zu informieren.*
Die Hausverwaltung? Oh, da solltet ihr möglichst schnell reagieren. Zeigt mir mal den Brief! Ich helfe euch gerne bei der Antwort.

**Zielstrukturen**

| Dieses Gerät | **brauchen** | Sie nicht | **zu** | programmieren. |
|---|---|---|---|---|
| | **müssen** | | | |

Dieses Kleid **brauche** ich nicht **zu** probieren. Ich weiß, dass es passt.
Mama, die Nudeln sind so scharf! **Muss** ich sie aufessen? – Nein, das **musst** du nicht.
Du **musst** keinen neuen Fernseher kaufen: Die Batterien in der Fernbedienung sind leer.
Sie **dürfen** das T-Shirt nicht in die Kochwäsche geben!
Wenn Tante Hilde zu Besuch ist, **dürfen** die Kinder nicht laut sein.

| **Worüber** | beschwert er sich? | – Er beschwert sich | **über den Lärm**. |
|---|---|---|---|
| Er | beschwert sich | **darüber,** | **dass seine Nachbarn so laut sind**. |
| | | | **nicht schlafen zu können**. |

**Zielwortschatz**

Wenn ein Produkt **beschädigt** ist oder **verschmutzt** geliefert wird, hat der Kunde das Recht, **sich** zu **beschweren**. Normalerweise geht man in das Geschäft, in dem man eingekauft hat, und **reklamiert** den Artikel. Dazu muss man auch den **Kassenbon** oder **Kassenbeleg** zeigen. Das ist in den meisten Geschäften **Vorschrift**. Manchmal muss nur ein kaputtes Teil ersetzt werden, manchmal wird das ganze Produkt **umgetauscht**. Wenn der Kunde nicht umtauschen will, muss das Geschäft den Artikel **zurücknehmen** und das Geld zurückzahlen. Wenn man den Artikel bestellt hat, sollte man die **Beschwerde** schriftlich formulieren. Auf einem **Bewertungsportal** im Internet kann man seine Meinung über ein Produkt schreiben. Diese **Bewertung** können dann alle lesen.

Wenn Nachbarn sich sehr ärgern, **drohen** sie manchmal da**mit**, die Polizei zu rufen.

**Wie wäre es mit** morgen Abend? **Wir könnten ja** essen gehen. **Was hältst du davon, wenn wir** ein paar Ausflüge machen? **Das ist eine super Idee! Ich schlage vor, dass** wir früh zu Bett gehen. **Das würde mir Spaß machen.**

**Übung 1**
**Bilden Sie Sätze mit *(nicht) müssen* oder *(nicht) dürfen*.**

1. Parken ist hier verboten.
   *Hier darf man nicht parken.*
2. Es ist nicht notwendig, dass Sie das wissen.
3. Sie bezahlen keine Gebühr.
4. Drücken Sie diesen Knopf!
5. Die Prospekte sind zum Mitnehmen.
6. Sie kennen diesen Mann auf jeden Fall.
7. Wenn es Ihnen nicht schmeckt, essen Sie es nicht auf.
8. Ohne Führerschein Auto zu fahren ist illegal.
9. Zum Glück arbeite ich nächste Woche nicht.
10. Wenn du meine Hilfe brauchst, ruf mich an.

**Übung 2**
**Spielen Sie die Situationen zu zweit durch.**

1. Sie haben einen zu kleinen Pullover gekauft und wollen ihn umtauschen.
2. Sie haben Batterien für einen Wecker gekauft. Die Batterien waren leer.
3. Ihr Auto war in der Werkstatt und hat nach wie vor dasselbe Problem.
4. Der Nachbar macht jede Nacht sehr laut Musik.
5. Das teure Hotelzimmer ist schmutzig und stinkt.
6. Der Heizungsinstallateur war 20 Minuten bei Ihnen und verlangt dafür 250 Euro.

**Übung 3**
**Was passt hier zusammen? Verbinden Sie.**

| | | |
|---|---|---|
| 1. Ich gehe nicht auf Flohmärkte. Ich halte nichts davon, | A. dass er keinen Nachtisch bekommt. | 1. *G* |
| 2. Ihr Hotelzimmer geht zur Straße. Sie beschwert sich darüber, | B. dass ich den Kassenbon verloren habe. | 2. |
| 3. Mein Urlaub beginnt nächsten Montag. Ich freue mich darauf, | C. dass wir ihr helfen. | 3. |
| 4. Unser Nachbar ist nicht sehr nett. Er beschwert sich darüber, | D. nicht schlafen zu können. | 4. |
| 5. Ich wollte den Pulli umtauschen, aber der Beleg ist weg. Ich ärgere mich darüber, | E. zwei Wochen ausschlafen zu können. | 5. |
| 6. Die Nachbarin kann die schwere Kiste nicht allein tragen. Sie freut sich darüber, | F. dass unsere Kinder im Garten spielen. | 6. |
| 7. Mein Sohn will seine Hausaufgaben nicht machen. Ich drohe ihm damit, | G. gebrauchte Dinge zu kaufen. | 7. |

| | Richtig | Falsch |
|---|---|---|
| **Übung 4**<br>10 Hören Sie gut zu. Richtig oder falsch? | | |
| 1. Die Kundin ist ziemlich wütend. | ✓ | |
| 2. Sie reklamiert ein Bügeleisen. | | |
| 3. Das Gerät war nicht billig. | | |
| 4. Sie hat die Bedienungsanleitung nicht gelesen. | | |
| 5. Sie will ein Austauschgerät. | | |
| 6. Die Verkäuferin gibt ihr ein neues Bügeleisen mit. | | |

**Übung 5**
11 Hören Sie gut zu und beantworten Sie die Fragen.

1. Wann kommen Anke und Lutz zu Besuch?
2. Wie lange wollen Anke und Lutz bleiben?
3. Was wollen Heike und Roland schon lange mit Anke und Lutz unternehmen?
4. Ist ein Bootsausflug eine gute Idee?
5. Was isst Lutz gerne?
6. Was ist für Montag geplant?

**Übung 6**
Organisieren Sie etwas gemeinsam mit einem anderen Kursteilnehmer.

1. Sie organisieren eine Abschiedsparty für eine Freundin, die in ihr Heimatland zurückkehrt.
2. Sie planen einen Sonntagsausflug mit dem ganzen Kurs.
3. Ein Onkel wird Sie für ein paar Tage besuchen. Organisieren Sie diesen Besuch.
4. Planen Sie eine Gartenparty.
5. Planen Sie ein Wochenende am Meer.

**Übung 7**
Setzen Sie die passende Form von *müssen*, *können* oder *brauchen* ein.

1. Ich ....*muss*.... die Getränke unbedingt noch kalt stellen.
2. ........................ wir darüber bitte noch reden?
3. Sie ........................ mich nicht um Erlaubnis fragen.
4. Das ........................ du mir nicht zu sagen.
5. Sie ........................ die Tür nicht zu schließen.
6. Du ........................ mir ja mal sagen, was du davon hältst.

# Lektion 22 Weg mit den Fehlern!

## **Lernschritt 64** Wie schreibt man das?

Sehr geehrte Frau Beilhammer,

es macht uns sehr traurig, ~~dass wir Ihnen eine Störung gemacht haben~~ dass Sie sich von uns gestört fühlen.

Unsere Kinder Canan und Oktay sind sieben und elf Jahre alt. Im Sommer spielen sie gerne im Garten. Im Mietvertrag steht, dass ~~der~~ die Gartenbenutzung für alle Mieter ist.

Mein Mann arbeitet ~~im~~ in der Produktion und kommt oft erst nach 22 Uhr nach Hause. Da seine Arbeit sehr anstrengend ist, möchte er dann duschen. Er bemüht sich immer, beim ~~duschen~~ Duschen leise zu sein und duscht nur kurz. Bitte haben Sie dafür ~~Verständniß~~ Verständnis!

Wir haben viele Freunde, die uns am Wochenende besuchen. Dann trinken wir zusammen Kaffee und essen ~~ein leckeres~~ einen leckeren Kuchen.

Warum kommen ~~sie~~ Sie nächstes Wochenende nicht auch zu uns? Dann können wir ~~mit uns~~ miteinander über die Probleme sprechen. Wir würden uns sehr darüber freuen.

Mit freundlichen Grüßen
Familie Aktaş

*Oh, so viele Fehler! Vielen Dank für die Korrektur, Vicky!*
*Gern geschehen. Ich hoffe, es hilft euch.*
*Wie hast du das nur geschafft, dass dein Deutsch so gut ist? Ich habe immer noch so viele Probleme. Die Artikel, Groß- oder Kleinschreibung, „ss" oder „ß",... Manchmal denke ich, ich lerne das nie.*
*Natürlich lernst du das! Du musst nur viel üben. Und im Internet gibt es gute Seiten, auf denen man die Rechtschreibung trainieren kann.*
*Schick mir doch mal ein paar Links. Dann mach ich das auch.*
*Gerne, aber das Wichtigste ist jetzt erst einmal, dass ihr das Problem mit eurer Nachbarin löst.*
*Ja, drück mir die Daumen, dass sie zum Kaffeetrinken kommt.*

Web

Startseite Aktualisieren Drucken E-Mail Download Top Seiten Suchen

http://www.deutschtraining2020.de

## Deutsch-Training 2020

Haben Sie auch Probleme mit der deutschen Sprache? Dann sind Sie nicht allein. Unser Onlinetrainer hat schon vielen Nutzern geholfen. Lesen Sie die begeisterten Kommentare auf unserem Bewertungsportal! Unsere Nutzer können aus verschiedenen Sprachbereichen wählen, sodass jeder sein ganz individuelles Programm zusammenstellen kann.
Starten Sie noch heute mit unserem Schnupperangebot für nur 9,99 Euro / monatlich!

**Artikeltraining**

*der – die - das*

*„das" oder „dass"*

*s – ss - ß*

**Adjektivdeklination**

*viele schwierige Wörter*

*Groß oder klein?*

Jetzt neu! Unser Aussprachetraining „PHONOkorrekt" hilft Ihnen, besser zu sprechen. Hören Sie sich komplizierte Texte an, die von professionellen Sprechern vorgelesen werden! Anschließend können Sie die Texte selbst lesen und werden von unserem Programm automatisch korrigiert.

***Bestellen Sie noch heute das Headset mit integriertem Mikrofon und starten Sie mit den Übungen! Einführungspreis: 134 Euro***

Liebe Hertha,

ich wollte dir schon lange auf deinen Brief antworten, aber ich hatte sehr viel zu tun. Wie geht es dir denn? Was macht dein Rücken?

Ich hatte dir ja geschrieben, dass neue Mieter in unser Haus eingezogen sind. Eine vierköpfige Familie! Am Anfang habe ich gedacht, das sind ganz schreckliche Leute, weil sie so laut sind. Ich habe natürlich sofort die Hausverwaltung darüber informiert, dass sie mich sehr stören.

Aber dann haben sie mich zum Kaffeetrinken eingeladen, und ich habe festgestellt, dass sie sehr nett sind. Der Mann arbeitet hier in der Fabrik, und die Frau ist zu Hause bei den Kindern. Obwohl sie erst seit einem Jahr hier leben, sprechen sie schon ganz gut Deutsch. Das hat mich sehr überrascht.

Natürlich haben die Kinder noch Probleme mit der Rechtschreibung. Vor allem die Groß- und Kleinschreibung macht ihnen Ärger, weil es die in ihrer Muttersprache gar nicht gibt. Jetzt habe ich beschlossen, dass ich den Kindern Nachhilfe geben werde. Aber leider fehlen mir die Materialien.

Du hast doch vor deiner Pensionierung als Deutschlehrerin gearbeitet? Hast du noch Bücher oder Übungen, die ich benutzen könnte?

Melde dich bitte bald, denn die kleine Canan schreibt in zwei Wochen ihr erstes Diktat. Das müssen wir noch gut üben.

Mit herzlichen Grüßen
Deine Freundin Luise

## Zielstrukturen

Nach kurzem Vokal schreibt man „ss", nach langem Vokal „ß".
Wir **lassen** das **nasse Fass** trocknen.
Auf der **Straße saßen** zwei **Fußballspieler**.
Das Schlimme ist der **große Stress**.

„**Schwimmmeister**" oder „**Balletttänzerin**" schreibt man mit drei gleichen Konsonanten.
Die **Imbissstube** verkauft die beste Currywurst.
Im **Fitnessstudio** trainieren Jung und Alt.

| | | | |
|---|---|---|---|
| Ich habe | „Ehrlichkeit" | **großgeschrieben**. | |
| Du hast | „Ehrlichkeit" | **groß geschrieben**. | |
| Bei uns wird | Ehrlichkeit | **großgeschrieben**. | Sie ist uns sehr wichtig. |
| Das ist | **etwas**<br>**nichts** | Schönes. | |

Viele Leute **schnarchen** beim **Schlafen**.
Wenn ich **schlafe**, stört mich dein **Schnarchen**.

## Zielwortschatz

Die **Aussprache** des Deutschen ist einfach. Man sollte langsam und **deutlich** sprechen, damit die anderen einen gut verstehen. Die neue deutsche **Rechtschreibung** gilt seit 1996. Nach langem **Vokal** kommt „ß".

Welchen **Artikel** hat das Wort „Kleid" – „der", „die" oder „das"? Wörter mit der **Endung** „-heit" sind weiblich. Schreibt man „Fahrrad fahren" **zusammen** oder getrennt?

**Übung 1**
**Entscheiden Sie: *der*, *die* oder *das*?**

1. Mond
2. Freundschaft
3. Endung
4. Mädchen
5. Freiheit
6. Teller
7. Sehenswürdigkeit
8. Hof
9. Lampe
10. Tulpe
11. Westen
12. Vormittag
13. Demonstration
14. Gepäck
15. Porsche
16. Bäckerei
17. Datum
18. Student
19. Diamant
20. Doktor
21. Büro
22. Professor
23. Wind
24. Mai
25. Schule
26. Geschirr
27. Silber
28. Rock
29. Sturm
30. Zeitung

**Übung 2**
**Ergänzen Sie den fehlenden Buchstaben und entscheiden Sie: groß oder klein?**

1. Wenn manche Menschen ......*s*chnarchen, wackeln die Wände.
2. Lautes ..........chnarchen hat früher angeblich die wilden Tiere vertrieben.
3. Das ..........pielen auf den Bahngleisen ist äußerst gefährlich.
4. Viele Kinder ..........pielen gern im Wald.
5. Am Nachmittag hole ich dich zum ..........chwimmen ab.
6. Es ist verboten, in unbekannten Gewässern zu ..........chwimmen.
7. Bei diesem Spiel müssen sich die Kinder leise etwas ins Ohr ..........lüstern.
8. Nach zehn Uhr ist in der Jugendherberge nur noch ..........lüstern erlaubt.
9. Ich habe im Urlaub nichts ..........esonderes erlebt.
10. Das ..........ute daran ist, dass es nichts kostet.

**Übung 3**
**Entscheiden Sie: *s*, *ss* oder *ß*?**

1. Ich wei*ß*......, dass er viele Probleme hat.
2. La.......... mich bitte in Ruhe!
3. Sabine geht ins Fitne..........studio.
4. Theo lie.......... sich die Haare schneiden.
5. Der Held des Buches, da.......... ich zurzeit lese, heißt Tom Joad.
6. In diesem Job hat man viel Stre.......... .
7. Vergi.......... bitte nicht zu tanken.
8. Ich habe eine Pollenallergie und mu.......... andauernd nie..........en.
9. Wir müssen den Ra..........en mähen!
10. Aua! Ich habe mir den Kopf angesto..........en!

**Übung 4**
Hören Sie gut zu und schreiben Sie mit.
12

*Das schönste Fest des Jahres...*

**Übung 5**
Hören Sie gut zu. Richtig oder falsch?
13

| | | Richtig | Falsch |
|---|---|---|---|
| 1. | Die Sprecherin kann „o" und „ö" nicht unterscheiden. | ✓ | |
| 2. | Die Sprecherin sagt, die Deutschen sprechen viel zu undeutlich. | | |
| 3. | Der Sprecher versteht nicht, was man groß- und was man kleinschreibt. | | |
| 4. | In der Schweiz gibt es kein „ß". | | |
| 5. | Für den Sprecher klingt Deutsch sehr schön. | | |
| 6. | Die Sprecherin hält Italienisch für die schönste Sprache der Welt. | | |
| 7. | Der Sprecher hat Schwierigkeiten mit Dialekten. | | |
| 8. | Die Sprecherin möchte Dolmetscherin werden. | | |
| 9. | Der Sprecher liest viel auf Deutsch. | | |
| 10. | Die Sprecherin schreibt alles groß. | | |

**Übung 6**
Sprechen Sie die Sätze deutlich aus.

1. Simon konnte das Gerät reparieren, ich könnte es auch.
2. Wir saßen auf dem Rasen, lasen Comics und tranken Tee aus Tassen.
3. Valentin Vogel schenkte seinem Vater einen Ventilator.
4. in Ulm, um Ulm und um Ulm herum
5. Das Paar an der Bar dachte an schönere Tage.

**Übung 7**
Markieren Sie die Wortgrenzen. Welche Wörter schreibt man groß?

eingedichtohneregeln
indiesemgedicht
hältmansichnicht
anwichtigeregeln
daslesenistschwer
verstehtirgendwer
wasdasheißensoll

# Lektion 23 Der erste Arbeitstag

## Lernschritt 67 Neu in der Firma

Ich kann mich noch gut erinnern, wie nervös ich vor meinem Vorstellungsgespräch war. Ich habe vor der Firma gestanden und richtig gezittert. Als ich vor einigen Monaten meine alte Stelle gekündigt habe und umgezogen bin, war ich nicht sicher, ob ich so bald wieder ins Berufsleben einsteigen kann. Der Chef hat mich vor allem nach meiner letzten Stelle gefragt: wofür ich verantwortlich war, ob ich im Team oder selbstständig gearbeitet habe, wie viel ich verdient habe und wie meine Arbeitszeiten waren. Dann hat er mich zu den neuesten Softwaretechnologien befragt; das war fast wie eine Prüfung an der Universität.

Dann ist er mit mir durch die ganze Firma gegangen, um mich allen Kollegen vorzustellen. Ich war mir nicht so sicher, ob ich mir all die Namen merken könnte und sie am nächsten Tag noch wissen würde. Ich habe mir viele Notizen gemacht, damit ich nichts vergesse. Sicher muss ich noch das eine oder andere Mal nachfragen, wer wofür zuständig ist und wie alles läuft. Aber alle haben mich sehr nett begrüßt, sodass ich sicher bin, dort mit der Zeit nicht nur Kollegen, sondern auch Freunde zu finden.

Daher habe ich mich sehr gefreut, als ich am nächsten Tag die Zusage der Firma bekommen habe. Ich musste nur noch den Vertrag unterschreiben.

## Lernschritt 68 Der ideale Arbeitsplatz

Als Firmenchef bin ich sehr daran interessiert, gute, talentierte und kreative Mitarbeiter zu beschäftigen. Für unsere Softwareentwicklung haben wir einen neuen Mitarbeiter eingestellt, der sehr gut in unser Team passt.

Beim Vorstellungsgespräch war ich etwas skeptisch, ob er der richtige Kandidat für uns ist. Er war sehr nervös und wirkte ein bisschen unsicher. Aber wir haben ihm dann ein paar schwierige Fragen gestellt, die er ohne Probleme beantwortet hat.

Stefan arbeitet jetzt schon seit einigen Wochen hier und hat sich prima eingearbeitet. Das habe ich auch erwartet, denn wir haben ein sehr gutes Betriebsklima. Stefan arbeitet sehr selbstständig und ist nun schon für drei Projekte verantwortlich. Er schaut nie auf die Uhr und macht gerne Überstunden. Das gefällt mir als Chef natürlich gut.

Ich kann wirklich sagen, dass der junge Mann ein Gewinn für unser Unternehmen ist. Ich hoffe, dass er noch lange bei uns bleibt.

Immer noch denken viele Leute, dass Kind und Karriere nicht zusammenpassen, aber dank der modernen Technologien ist es heute leichter als jemals zuvor, beides zu haben.

Und auch der Staat hilft beim beruflichen Wiedereinstieg nach der Babypause: So kann man zum Beispiel staatliche Unterstützung für die Kinderbetreuung beantragen. Viele machen in der Elternzeit eine Fort- oder Weiterbildung.

*Mensch, Tina! Das ist aber schön. Herzlich willkommen zurück! Seit wann bist du wieder in der Firma?*
*Schon seit einer Woche. Es läuft ganz gut. Die Kleine ist bis 16.30 Uhr in der Kinderkrippe, dann holt mein Mann sie ab. Am Donnerstag und Freitag mache ich Homeoffice, das heißt, ich arbeite von zu Hause aus, am Computer.*
*Das klingt ja super! Alles voll durchorganisiert. Übrigens vielen Dank für die süßen Babyfotos. Hast du gesehen, dass wir sie in der Kaffeeküche an die Pinnwand gehängt haben?*
*Ja, natürlich. Auf meinem Computer habe ich noch ein paar neuere Fotos. Wenn du willst, kann ich sie dir später zeigen. Ach, wenn ich mir meine Kleine so anschaue, habe ich manchmal doch ein schlechtes Gewissen.*
*Aber warum denn? In der Krippe geht es ihr doch gut, und sie ist mit anderen Kindern zusammen. Das ist für sie doch viel interessanter als mit Mama allein zu Hause.*
*Du hast ja recht, aber als Mutter hat man immer Angst, etwas Wichtiges zu verpassen.*
*Hier ist der Platz, wo du nichts verpassen darfst. Hast du schon gehört, dass die Entwicklungsabteilung eine neue Teamassistentin sucht? Du hast doch letztes Jahr diese Weiterbildung gemacht, da könntest du dich doch bewerben.*
*Na, langsam, langsam. Ich bin froh, dass im Moment alles so gut läuft. Über so etwas denke ich nach, wenn die Kleine in den Kindergarten kommt.*

## Zielstrukturen

| Wozu | liest du die Stellenangebote? | – Ich lese die Stellenangebote, | **um einen neuen Arbeitsplatz zu finden**. |
|---|---|---|---|
| | führt ihn der Chef durch die Firma? | – Er führt ihn durch die Firma, | **damit er alle Kollegen kennenlernt**. |

| | | |
|---|---|---|
| Können Sie mir bitte sagen, | **wo** | die Kantine ist? |
| Wissen Sie, | **wozu** | der Chef die Dokumente braucht? |
| Ich würde gerne wissen, | **wie hoch** | mein Gehalt sein wird. |
| Sag mir bitte, | **wann** | das Geschäft schließt. |

Ich kann **genauso gut** am Computer **wie** mit der Hand schreiben.
Sein neuer Arbeitgeber zahlt **besser als** die alte Firma.
Das Betriebsklima ist mir **genauso wichtig wie** die Bezahlung.
**Am wichtigsten** ist ihm ein gutes Verhältnis zu seinen Kollegen.

## Zielwortschatz

Haben Sie **gekündigt**, oder wurde Ihnen gekündigt? Ich habe mich um eine neue **Stelle** beworben. Wer ist für dieses Projekt **zuständig**?

Die Firma **beschäftigt** insgesamt 1200 **Mitarbeiter**. Wir **stellen** im nächsten Monat 50 neue Mitarbeiter **ein**. Der Abteilungsleiter ist für die neuen **Angestellten verantwortlich**. Sie arbeiten zunächst mit erfahrenen Kollegen zusammen, später sollen sie Projekte **selbstständig** bearbeiten. Er hat sich prima **eingearbeitet**. Das **Betriebsklima** ist gut. Er leistet hervorragende Arbeit und **ist ein Gewinn für uns**. Leider muss ich oft länger im Büro bleiben und **Überstunden** machen.

Der **Wiedereinstieg** nach der **Babypause** ist schwierig. Eine **Fortbildung/ Weiterbildung** ist sehr wichtig, um auf dem Laufenden zu bleiben. Sie sollten **Unterstützung** vom Staat **beantragen**, zum Beispiel für die **Kinderbetreuung**.

**Übung 1**
Bilden Sie Sätze. Verwenden Sie, wenn möglich, *um ... zu*, ansonsten *damit*.

1. Anna / ein neues Kostüm kaufen // beim Vorstellungsgespräch schick aussehen
   *Sie kauft ein neues Kostüm, um beim Vorstellungsgespräch schick auszusehen.*
2. du / eine neue Stelle suchen // du / mehr Karrieremöglichkeiten haben
3. ich / weniger Überstunden machen // ich / mehr Zeit mit meinen Kindern verbringen
4. er / sich einen neuen Arbeitsplatz wünschen // er / mehr Verantwortung übernehmen
5. der Chef / den Bewerber durch die Firma führen // der Bewerber / die Firma kennenlernen
6. wir / mit dem Chef diskutieren // er / uns mehr Zeit für das Projekt geben
7. die Mitarbeiter / dem neuen Kollegen helfen // er / sich schnell einarbeiten
8. die Firma / gute Sozialleistungen zahlen // die Angestellten / zufrieden sein
9. Anton / auf die Homepage der Firma schauen // er / sich auf das Vorstellungsgespräch vorbereiten
10. der Personalchef / schwierige Fragen stellen // er / den Bewerber prüfen

**Übung 2**
Welches Wort passt am besten: *wie*, *warum* oder *wann*?

1. Kannst du mir sagen, ..... *wie* ..... dein Geschäft läuft?
2. Sag mir, .......................... du gekündigt hast.
3. Könnten Sie mir zeigen, .......................... dieser Automat funktioniert?
4. Erklär mir bitte, .......................... ich Unterstützung beantragen kann.
5. Kannst du mir sagen, .......................... ich das alles unter einen Hut bringen soll?
6. Ich möchte wissen, .......................... die Babypause endet.
7. Kannst du mir erklären, .......................... ich eine Fortbildung machen soll?
8. Erzähl mal, .......................... dein Wiedereinstieg gelaufen ist.

**Übung 3**
Hören Sie gut zu.
15 Richtig oder falsch?

| | Richtig | Falsch |
|---|---|---|
| 1. Er kennt den neuen Kollegen schon sehr gut. | | ✓ |
| 2. Die Kollegin möchte mit ihm tanzen. | | |
| 3. Die Zusammenarbeit ist generell schwierig. | | |
| 4. Sie sieht ihn sehr oft, weil sie in der Logistik arbeitet. | | |
| 5. Für ihn ist der Neue keine Konkurrenz, deshalb wird er an seiner Arbeitsweise nichts verändern. | | |

**Übung 4**
**Was fehlt hier? Setzen Sie ein.**

als am besser genauso größer mehr weniger wichtigsten wie

1. Eine interessante Tätigkeit ist mir wichtiger ........*als*........ ein hohes Gehalt.
2. Unser Chef ist super. Er kann .................... gut zuhören wie sprechen.
3. Ich finde meinen neuen Arbeitsplatz viel .................... als meine alte Stelle.
4. Er denkt immer nur an seine Karriere. Das ist für ihn am .................... .
5. Was heißt „Stärken"? – Das sind die Dinge, die du .................... besten kannst.
6. Meine neue Firma ist viel .................... als die alte. Es gibt fast doppelt so viele Mitarbeiter.
7. Ich arbeite genauso gerne im Team .................... allein.
8. Er verdient jetzt viel .................... Geld als früher.
9. Im nächsten Jahr möchte ich .................... arbeiten und mehr Freizeit haben.

**Übung 5**
16 **Hören Sie gut zu und beantworten Sie die Fragen.**

1. Was ist das ideale Betriebsklima?
2. Ist es schwierig, ein gutes Betriebsklima zu schaffen?
3. Wie kann man ein gutes Betriebsklima schaffen?
4. Wie macht es die Firma, in der Herr Müller arbeitet?

**Übung 6**
**Entscheiden Sie, welches Wort am besten passt.**

1. Er kann gut in einer Gruppe arbeiten, da er sehr ... ist. *C*
   A. ordentlich B. lustig C. teamfähig
2. Der neue Mitarbeiter war mir sofort ... .
   A. sympathisch B. nett C. freundlich
3. An seinem ersten Arbeitstag war er sehr still und ... .
   A. talentiert B. nervös C. belastbar
4. Er macht einen ... Eindruck. Er kennt sich bestimmt gut aus.
   A. flexiblen B. kompetenten C. zufriedenen
5. Ich bin ein sehr ... Mensch. Ständig habe ich neue Ideen.
   A. cooler B. toleranter C. kreativer

# Lektion 24 Wer ist eigentlich ... ?

## Lernschritt 70 Ein Oscar für Deutschland und Österreich

Bambi? Golden Globe? Oscar? Wer kennt nicht die berühmten Auszeichnungen für hervorragende Leistungen im Filmgeschäft? Der österreichisch-deutsche Schauspieler Christoph Waltz kennt sie nicht nur, er hat sie sogar – und zwar alle drei!

„Ich hätte nicht gedacht, dass ich so einen Traum einmal träumen könnte", sagte der damals 53-Jährige, als er 2009 die berühmten Trophäen als bester Nebendarsteller in Quentin Tarantinos *Inglourious Basterds* erhielt, plötzlich auf der ganzen Welt bekannt war und von allen Kritikern für seine Leistungen gelobt wurde. Aber was ist der Grund seines Erfolgs? Die Antwort ist ganz einfach: Er ist brillant! Das Publikum liebt den Schauspieler, denn er spielt den Psychopathen ebenso überzeugend wie den idealistischen Beamten, den glatten Schlagersänger, den brutalen Entführer oder den SS-Offizier. Ja, Christoph Waltz ist ein internationaler Star geworden.

Waltz wurde in Wien geboren und ist auch dort aufgewachsen. Er war aber kein Österreicher, sondern Deutscher wie sein Vater. Wegen seiner großen Erfolge verlieh man ihm 2010 zusätzlich die österreichische Staatsbürgerschaft.

## Lernschritt 71 Formvollendet

Peter Zumthor hat viele Visionen: Kein anderer Architekt hat bisher so viele Preise erhalten. 2009 bekam er in Buenos Aires den Pritzker-Preis verliehen, die weltweit höchste Auszeichnung im Bereich der Architektur. Nicht nur deshalb ist Zumthor ein weltberühmter Architekt. Der gelernte Möbelschreiner und Innenarchitekt schuf in Österreich, in der Schweiz und in Deutschland alle möglichen Bauwerke. Zumthor plant die verschiedensten Objekte: ein Kunstmuseum, ein Denkmal, eine Kapelle im Hochgebirge, eine Schule oder Wohnungen für ältere Menschen – es gibt nichts, was der 1943 in Basel geborene Sohn eines Schreinermeisters nicht entwirft und verwirklicht. Aber woher nimmt Zumthor seine Ideen und Kreativität? Vielleicht aus der Musik: Peter Zumthor ist Jazzfan und spielt selbst Kontrabass. So entstand vielleicht auch das Projekt *Klangkörper* für die Expo 2000 in Hannover.

Man darf neugierig sein, was für ein Gebäude er demnächst bauen wird. Vielleicht einen hohen Turm? Ein Museum der besonderen Art? Oder eine einfache Mauer?

*Hallo, Estelle! Was liest du denn da? Ich habe noch nie ein so dickes Buch gesehen!*

*Hallo, Wassili! Das Buch heißt* Deutsche Gedichte von Goethe bis zum Poetry-Slam. *Wir sollen nächste Woche im Deutschkurs ein deutschsprachiges Gedicht oder Lied vorstellen, den Inhalt zusammenfassen und darüber diskutieren.*

*Und hast du dich schon für eines entschieden?*

*Na ja, zuerst wollte ich ein Gedicht von Goethe wählen. Er ist auch bei uns in Frankreich sehr bekannt. Wir lesen seine Stücke in der Schule, natürlich in der Übersetzung. Aber ich habe gemerkt, dass ich seine Gedichte nur sehr schwer verstehen kann. Viele Ausdrücke habe ich im Wörterbuch gar nicht gefunden, weil sie veraltet sind. Außerdem haben die meisten zu viele Zeilen; ich möchte lieber ein kurzes Gedicht.*

*Und was machst du jetzt?*

*Oh, schau, ich habe hier ein sehr interessantes Kapitel über Migrantenliteratur gefunden. Das sind Einwanderer wie wir, die aber auf Deutsch schreiben. Hier, diese zwei habe ich ausgewählt. Welches gefällt dir besser?*

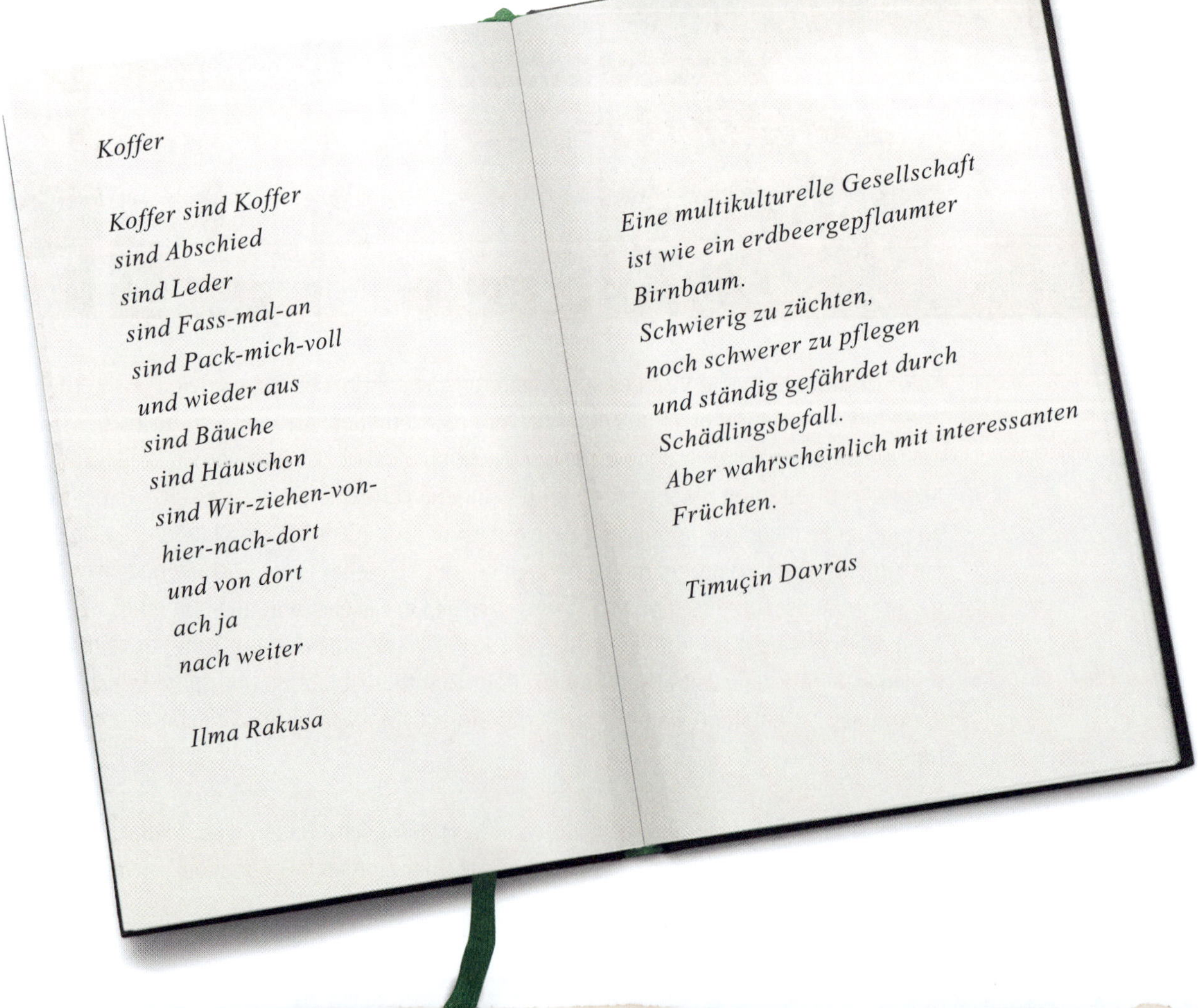

*Koffer*

*Koffer sind Koffer*
*sind Abschied*
*sind Leder*
*sind Fass-mal-an*
*sind Pack-mich-voll*
*und wieder aus*
*sind Bäuche*
*sind Häuschen*
*sind Wir-ziehen-von-*
*hier-nach-dort*
*und von dort*
*ach ja*
*nach weiter*

*Ilma Rakusa*

*Eine multikulturelle Gesellschaft*
*ist wie ein erdbeergepflaumter*
*Birnbaum.*
*Schwierig zu züchten,*
*noch schwerer zu pflegen*
*und ständig gefährdet durch*
*Schädlingsbefall.*
*Aber wahrscheinlich mit interessanten*
*Früchten.*

*Timuçin Davras*

## Zielstrukturen

| | | | |
|---|---|---|---|
| **Warum**<br>**Wieso**<br>**Weshalb** | fällt das Konzert aus? | **Weil** der Sänger erkrankt ist. | |
| **Da** | er schon so viele Preise bekommen hat, ist er in der Schweiz sehr berühmt. | | |
| Das Buch ist sehr wertvoll, | | **denn** | es gibt nur noch wenige Exemplare. |
| **Wegen** | des großen Interesses wird die Ausstellungsdauer verlängert. | | |
| Er war schon als Kind kreativ, | | **deswegen**<br>**daher**<br>**deshalb** | ist er auch Künstler geworden. |

## Zielwortschatz

Der Oscar ist eine berühmte **Auszeichnung** und **Trophäe**, mit der jedes Jahr die besten Schauspieler, Filmemacher, Filmmusiker usw. geehrt werden. Normalerweise werden die Oscarpreisträger kurz vorgestellt und für ihr Können **gelobt**. Das **Publikum** sieht einen kurzen Film, der den **Inhalt** des jeweiligen Filmes kurz **zusammenfasst**. Wer den Preis **erhält**, darf sich mit einer kurzen Rede bedanken.

Ein Architekt **plant** Bauwerke aller Art, wie zum Beispiel Wohnhäuser, Kirchen, **Türme**, aber auch Denkmäler. Meist ist der Architekt von der Planung bis zur Vollendung mit dabei und kontrolliert, ob alles nach seinen Wünschen und Ideen **verwirklicht** wird. Er ist der Architekt dieses Gebäudes. Er hat das Gebäude **geschaffen**.

Literatur liest man am besten in der Originalsprache und nicht als **Übersetzung**. Doch vor allem ältere Texte enthalten oft **Ausdrücke**, die man in keinem Wörterbuch findet. Es macht keinen Spaß, wenn man ein **Lied** oder ein **Stück** mühsam **Zeile** für Zeile übersetzen muss.

**Übung 1**
**Ergänzen Sie. Manchmal sind mehrere Lösungen möglich.**

denn weil deshalb wegen da daher wieso weshalb warum

1. Er spielt seine Rolle überzeugend, ___denn___ er ist ein guter Schauspieler.
2. ______ seiner guten Leistung erhält er eine Auszeichnung.
3. ______ bekommt er den Preis verliehen? – ______ er ein vielseitiger Schauspieler ist.
4. ______ er kein Innenarchitekt ist, kann er die Möbel nicht entwerfen.
5. Er wollte schon immer etwas bauen, ______ ist er Architekt geworden.
6. Wir steigen auf den Turm, ______ von dort oben kann man alles sehen.
7. Er ist ein Realist, ______ bleibt er auf dem Boden.
8. ______ des neuen Denkmals kommen viele Besucher.
9. Man kann es nicht berühren, ______ es eine optische Täuschung ist.

**Übung 2**
17 **Hören Sie gut zu und ergänzen Sie.**

1. Thomas Gottschalk ist ein … . — A
   A. Moderator B. Sänger C. Schriftsteller
2. Im Jahr 2005 veröffentlichte die Band Tokio Hotel ihr … Album.
   A. erstes B. zweites C. drittes
3. Die österreichische Band Schönheitsfehler macht … .
   A. klassische Musik B. Hip-Hop-Musik C. Jazzmusik
4. Simon Ammann ist … Olympiasieger.
   A. einfacher B. zweifacher C. vierfacher
5. Josef Hader ist ein österreichischer Schauspieler und … .
   A. Kabarettist B. Regisseur C. Sänger
6. Thorsten Havener … .
   A. interviewt Menschen B. kann Gedanken lesen C. moderiert eine Sendung

**Übung 3**
18 **Hören Sie gut zu. Welche der neun Aussagen hören Sie?**

| | | |
|---|---|---|
| 1. Amerikanische Filme sind meistens gleich. | 1. | ✓ |
| 2. Es gibt keine guten deutschen Regisseure. | 2. | |
| 3. Die besten Romane kommen aus Lateinamerika. | 3. | |
| 4. Kunst sollte die Kulturen verbinden. | 4. | |
| 5. Als Model kann man nur in Paris Karriere machen. | 5. | |
| 6. Die Wiener Musikszene ist sehr aktiv. | 6. | |
| 7. Nur noch wenige Leute lesen Romane und Gedichte. | 7. | |
| 8. Einige deutsche Regisseure sind auch in Hollywood bekannt. | 8. | |
| 9. Lateinamerikanische Literatur ist zurzeit sehr gefragt. | 9. | |

**Übung 4**
**Erklären Sie die folgenden Begriffe.**

1. Wohnhaus ..........
2. Kapelle ..........
3. Turm ..........
4. Denkmal ..........
5. Mauer ..........
6. Museum ..........

**Übung 5**
**Was gehört zusammen? Verbinden Sie.**

| | | | | | |
|---|---|---|---|---|---|
| 1. | Ein Schauspieler | A. | bekommt man für eine hervorragende Leistung. | 1. | C |
| 2. | Eine Auszeichnung | B. | werden Stücke gezeigt. | 2. | |
| 3. | Ein Dichter | C. | arbeitet im Theater oder beim Film. | 3. | |
| 4. | Ein Architekt | D. | trägt Lieder vor. | 4. | |
| 5. | Das Publikum | E. | plant und verwirklicht Bauwerke. | 5. | |
| 6. | Ein Maler | F. | werden Gemälde ausgestellt. | 6. | |
| 7. | Im Theater | G. | schreibt Gedichte. | 7. | |
| 8. | In einer Galerie | H. | lobt oder kritisiert den Künstler. | 8. | |
| 9. | Ein Sänger | I. | schafft Gemälde. | 9. | |

**Übung 6**
**Berichten Sie.**

Haben Sie ein Lieblingsgedicht? Berichten Sie darüber und gehen Sie dabei auf die folgenden Punkte ein:

- Wer hat das Gedicht geschrieben?
- Wann und wo ist es entstanden?
- Wovon handelt es?
- Warum ist es Ihr Lieblingsgedicht?

**Übung 7**
**Schreiben Sie ein Gedicht.**

Werden Sie selbst zum Autor! Schreiben Sie ein kurzes Gedicht zum Thema „Die deutsche Sprache".

..........

..........

..........

..........

..........

..........

..........

..........

..........

..........

..........

..........

# Lektion 25 Von Mensch zu Mensch

ENGAGIERT.
FREIWILLIG.
www.freiwillig-zh.ch

## Lernschritt 73 Ehrenamtlich

Die Schweiz ist ein Land, in dem freiwillige Hilfe einen hohen Stellenwert hat. Viele wichtige Aufgaben werden nicht einfach dem Staat überlassen, sondern von der Bevölkerung selbst übernommen. Es gibt über 100 000 Vereine, Stiftungen und Genossenschaften.

Freiwillige engagieren sich sowohl innerhalb einer Organisation, einer Institution, eines Heimes oder eines Vereins als auch spontan im Freundes- und Nachbarschaftskreis. Sie verdienen damit kein Geld. Trotzdem helfen sie gerne.

Der „Freiwilligen-Monitor" aus dem Jahr 2010 berichtet, dass sich rund ein Viertel der Schweizer Bevölkerung (circa 1,5 Millionen Menschen) ehrenamtlich engagiert. Dabei investieren die in der Schweiz freiwillig engagierten Personen durchschnittlich 28 Stunden pro Monat.

Mit einem Anteil von 10 Prozent sind in der Schweiz die meisten Freiwilligen in Sport- und Freizeitvereinen tätig.

Die Gesamtsumme der Stunden an freiwilligem Engagement wird in der Schweiz auf 700 Millionen geschätzt.

Integrationsfirmen sind Betriebe, in denen Menschen mit und ohne Behinderung zusammenarbeiten. In Deutschland gibt es zurzeit ungefähr 700 solcher Firmen in den unterschiedlichsten Branchen. Der Anteil an schwerbehinderten Mitarbeitern in einem Integrationsbetrieb beträgt zwischen 25 und 50 Prozent der Belegschaft.

*Wir sprechen heute mit Herrn Endres, einem Mitarbeiter des Integrationsunternehmens I-Aktiv. Obwohl er sehr viel Arbeit hat, nimmt er sich heute für uns Zeit. Herr Endres, erzählen Sie uns doch erst einmal, was Ihre Mitarbeiter so alles können.*

*Gerne. Wir bieten viele verschiedene Dienstleistungen an. Wir haben eine Wäscherei, wir reinigen Gebäude, und wir pflegen Gärten. Aber unser wichtigster Bereich ist die Gastronomie. Wir betreiben mehrere Restaurants, Cafés, Kantinen und Schulmensen. Sehr gut läuft auch unser Catering-Service, für den ich verantwortlich bin.*

*Das heißt, wenn ich ein Fest mit vielen Gästen feiern möchte, könnte ich bei Ihnen das Essen bestellen, und Sie würden alles zu mir nach Hause liefern?*

*Ja, genau. Wir bereiten zum Beispiel kalte Platten mit internationalen Spezialitäten zu. Wir kochen aber natürlich auch warme Gerichte und verwöhnen Sie und Ihre Gäste mit mehreren Gängen. Aber nicht nur das. Wir stellen Ihnen auch das komplette Geschirr und das Besteck zur Verfügung, und wir bedienen Ihre Gäste. Auf Wunsch räumen wir sogar nach dem Fest alles wieder auf und spülen ab – allerdings müssten Sie dann etwas mehr bezahlen.*

*Jetzt würde ich noch gerne etwas über Ihr Catering-Team erfahren. Aus wie vielen Mitarbeitern besteht es?*

*Ich arbeite in einem Team von zehn Mitarbeitern, davon haben vier eine Behinderung. Drei sind gehörlos, und eine Mitarbeiterin ist blind.*

*Arbeiten die Mitarbeiter trotz ihrer Behinderung ganztags?*

*Natürlich, da machen wir keine Unterschiede. Jeder arbeitet unter denselben Bedingungen.*

*Ist es nicht problematisch, wenn jemand, der blind ist, den Tisch decken, den Gästen das Essen servieren oder sogar Wein einschenken soll? Und wie sieht es mit dem Abräumen, Abspülen und Abtrocknen des Geschirrs aus?*

*Keine Sorge! Unser Personal ist bestens ausgebildet. Da ist zum Beispiel unsere Mitarbeiterin Frieda. Obwohl sie blind ist, putzt und poliert sie die Weingläser blitzeblank, wie sonst niemand – ganz ohne Streifen. Ich weiß auch nicht, wie sie das macht.*

Klar bin ich nach so einem langen Arbeitstag müde, aber trotzdem trainiere ich meine Tanzgruppe regelmäßig. Das Training macht mir sehr viel Spaß, und ich freue mich, wenn meine Jungs und meine Mädchen im Wettkampf Erfolg haben.

Ich hätte nie gedacht, dass ich einmal jedes Wochenende auf dem Fußballplatz stehen würde, aber jetzt bin ich schon seit über einem Jahr Trainer. Und mein Sohn ist natürlich sehr stolz auf seinen Papa.

Als ich gefragt wurde, ob ich das Orchester der Gemeinde dirigieren möchte, sagte ich sofort zu. Obwohl ich viel von meiner Freizeit opfern muss, möchte ich die Arbeit mit den jungen Leuten auf keinen Fall aufgeben.

Ich spiele mit großer Leidenschaft Theater. Allerdings ist der zeitliche Aufwand ebenso hoch wie der finanzielle. Obwohl wir alle unsere Kostüme selbst nähen, geben wir viel Geld aus. Schließlich müssen wir die Materialien und Stoffe selbst bezahlen.

Nach Feierabend machen wir es uns meistens zu Hause gemütlich oder unternehmen etwas zusammen. Wir wissen aber, dass es nicht alle Menschen so gut haben wie wir. Deshalb laden wir einmal pro Monat behinderte Kinder zu uns nach Hause ein. Dann kochen wir gemeinsam etwas Leckeres. Man kann richtig sehen und spüren, wie sich die Kinder darüber freuen.

## Zielstrukturen

| | | |
|---|---|---|
| | **Trotz** | des starken Regens geht er spazieren. |
| Es regnet stark; | **trotzdem** | geht er spazieren. |
| | **Obwohl** | es stark regnet, geht er spazieren. |
| Er geht spazieren, | **obwohl** | es stark regnet. |
| Das Essen hat gut geschmeckt, | **aber** | es **war** ein bisschen teuer. |
| | **allerdings** | **war** es ein bisschen teuer. |

## Zielwortschatz

Sie arbeitet als **ehrenamtliche** Helferin für das Rote Kreuz. Mein Bruder **engagiert sich** sehr in seinem Verein. Ich bringe einmal pro Woche Futter ins Tier**heim**.

Er arbeitet in einem sehr großen **Betrieb**. Unsere Mitarbeiter reinigen Gebäude und **pflegen** Gärten. Das Essen in unserer **Kantine** ist nicht besonders gut. Das Fest war wirklich großartig. Das Essen hatte sechs **Gänge**. Das schöne **Besteck** habe ich von meiner Oma geerbt. Nach der Party müssen wir alles wieder **aufräumen**. Woher hast du denn diese schöne **Kaffeekanne**? Hast du hier irgendwo eine **Pfanne**? Und wo ist der **Deckel** für diesen Topf? Kann ich diese **Schüssel** für den Salat nehmen? Es gibt keine **Unterschiede**. Alle Mitarbeiter arbeiten unter denselben **Bedingungen**.

Mein Vater **ist** sehr **stolz auf** mich. Man kann **spüren**, wie glücklich die Kinder sind.

**Übung 1**
**Setzen Sie das richtige Wort ein.**

trotz obwohl trotzdem allerdings aber

1. Die Arbeitsbedingungen in der Firma sind nicht gut; ......trotzdem...... kündigt er nicht.
2. .......................... er in einem sehr kleinen Betrieb arbeitet, verdient er wirklich gut.
3. Ich gehe heute ins Theater, .......................... gehe ich nicht mit dir.
4. Wir sind nicht satt geworden, .......................... das Essen fünf Gänge hatte.
5. .......................... des gebrochenen Arms spielt er Fußball.
6. Er will sich nicht gesund ernähren, .......................... der Arzt ihm das dringend geraten hat.
7. Sie würde gerne in der Kantine essen, .......................... das Essen ist ziemlich schlecht.
8. Ich spreche viele Fremdsprachen; .......................... habe ich den Job nicht bekommen.
9. Meine kranke Tante ist immer ziemlich unfreundlich zu mir; .......................... pflege ich sie.
10. .......................... seiner vielen Arbeit nimmt er sich Zeit für ein Gespräch.

**Übung 2**
**Wissen Sie es?**

1. Einzigartig heißt, etwas ist so wie ... . — A
   A. nichts anderes B. alles andere C. ein anderes
2. Eine Integrationsfirma ist eine Firma, in der ... arbeiten.
   A. nur Behinderte B. Leute mit und ohne Behinderung C. nur Ausländer
3. Ein Ehrenamt ist eine Tätigkeit, für die man ... .
   A. viel Geld bezahlt B. viel Geld bekommt C. kein Geld bekommt
4. Ein Beispiel für einen Freizeitverein ist ... .
   A. eine Schulklasse B. ein Theaterklub C. eine Partei
5. Geschafft sein heißt ... sein.
   A. müde B. mit der Arbeit fertig C. voller Optimismus
6. Zeit opfern heißt Zeit ... .
   A. haben B. investieren C. brauchen

**Übung 3**
**Erzählen Sie.**

1. Kennen Sie jemanden, der ehrenamtlich tätig ist? Beschreiben Sie den anderen Kursteilnehmern, wofür sich diese Person engagiert.
2. Wie finden Sie das Konzept von I-Aktiv? Kennen Sie einen ähnlichen Integrationsbetrieb?

**Übung 4**

19 **Hören Sie gut zu und beantworten Sie die Fragen.**

1. Warum engagiert sich die Sprecherin gerne?
2. Der Sprecher sieht nicht ein, Gutes zu tun. Warum nicht?
3. Wem und wie hilft die Sprecherin?
4. Was hat der Sprecher bereits mit hilfsbedürftigen Menschen unternommen?
5. Was macht der Chor mit dem Geld, das er für seine Auftritte bekommt?
6. Wie hilft das Mädchen der Nachbarin?

**Übung 5**

**Formulieren Sie die Sätze mit *trotzdem*. Achten Sie auf die Zeit.**

1. Trotz seines anstrengenden Berufs half er immer Menschen in Not.
   Er hatte einen anstrengenden Beruf, trotzdem half er immer Menschen in Not.
2. Trotz der vielen ehrenamtlichen Helfer wurden die neuen Vereinsräume nicht rechtzeitig fertig.
3. Trotz der vielen Spenden gibt es nicht genügend Geld für das Kinderheim.
4. Trotz ihres hohen Alters kümmert sich meine Nachbarin um hilfsbedürftige Menschen.
5. Trotz seiner Behinderung arbeitet er den ganzen Tag.
6. Trotz der vielen Mitglieder nahm der Verein nicht genügend Geld ein.
7. Trotz seiner Krankheit engagiert er sich für den Tierschutzverein.
8. Trotz ihrer vielen Hausaufgaben kaufte Lisa gestern für ihre kranke Nachbarin ein.
9. Trotz ihrer Müdigkeit geht sie heute Abend in die Theaterprobe.
10. Trotz der schlechten Bezahlung bleibt sie in der Firma.

**Übung 6**

20 **Hören Sie gut zu und entscheiden Sie.**

1. Die Frau stellt es sich am schlimmsten vor, ... nicht mehr zu sehen. **A**
   A. die Farben B. die Berge C. die Menschen
2. Für blinde Menschen ist ein musikalisches Stück wie ... .
   A. ein Naturereignis B. ein Wunder C. die Schönheit von Farben
3. Bei blinden Menschen sind ... viel besser entwickelt.
   A. alle anderen Sinne B. die sechs Sinne C. alle drei Sinne
4. Eine junge Frau in der Nachbarschaft ist ... blind.
   A. seit einem Unfall B. von Geburt an C. seit einer Operation
5. Sie möchte aber trotzdem ein ... Leben führen.
   A. gutes B. normales C. interessantes
6. Die Gruppe möchte ... lang wie eine blinde Person leben.
   A. einen Tag B. ein Wochenende C. zwei Tage

# Lektion 21–25 Grammatik auf einen Blick

| | |
|---|---|
| **Erlaubt und verboten** | **Muss** ich das Ticket **bezahlen**?<br>– Nein, Sie **brauchen** das Ticket **nicht zu bezahlen**.<br><br>**Ist** in der Prüfung ein Wörterbuch **erlaubt**?<br>– Nein, Sie **dürfen** das Wörterbuch **nicht benutzen**.<br><br>**Darf** man hier **parken**?<br>– Nein, das Parken **ist** hier **verboten**. |
| **Zusammengesetzte Substantive / Komposita** | **Substantiv** + **Substantiv**<br>das Leder + der Koffer = der Lederkoffer<br><br>**Verb** + **Substantiv**<br>schreiben + der Tisch = der Schreibtisch<br><br>**Adjektiv** + **Substantiv**<br>schwarz + das Brot = das Schwarzbrot |
| **Hilfen für die Artikelbestimmung: männlich** | natürliches Geschlecht: der Mann, der Arzt, der Kater<br>Wetterbezeichnungen: der Regen, der Sturm, der Blitz<br>Jahreszeiten, Monate, Wochentage, Tageszeiten: der Herbst, der Mai, der Montag, der Abend<br>Automarken: der Opel, der Fiat<br>die meisten einsilbigen Substantive: der Bau, der Kopf, der Stuhl<br>Substantive mit der Endung -ling: der Säugling, der Schmetterling |
| **Hilfen für die Artikelbestimmung: weiblich** | natürliches Geschlecht: die Frau, die Ärztin, die Katze; Ausnahme: das Mädchen<br>die meisten zweisilbigen Substantive, die auf -e enden: die Vase, die Nase, die Treppe<br>Bäume und Blumen: die Tanne, die Rose<br>substantivierte Zahlwörter: die Eins, die Zwölf<br>Schiffsnamen: die Titanic, die MS Europa<br>Substantive mit der Endung -heit, -keit, -ung, -schaft, -tät, -ion, -ik, -ur, -thek, -nz und -ie: die Gesundheit, die Heiterkeit, die Zeitung, die Freundschaft, die Nationalität, die Million, die Musik, die Literatur, die Bibliothek, die Provinz, die Biologie |

| | |
|---|---|
| **Hilfen für die Artikelbestimmung: neutral** | alle Verkleinerungsformen (-chen, -lein): das Häuschen, das Kindlein<br>junge Lebewesen: das Baby, das Kind, das Kalb<br>substantivierte Verben: das Lesen, das Schreiben, das Singen<br>Namen der Buchstaben und Farben: das A, das V, das Rot, das Blau<br>Substantive auf -um, -ol, -o und -ment: das Studium, das Symbol, das Büro, das Parlament<br>Namen der Metalle: das Gold, das Eisen<br>Bruchzahlen: das Drittel, das Achtel; Ausnahme: die Hälfte |

| | | |
|---|---|---|
| **Finale Satzverbindungen mit** ***zu, um ... zu*** **und** ***damit*** | Sie hat keine Lust, auf einen Campingplatz | **zu** gehen. |
| | Wir haben vor, eine Kreuzfahrt | **zu** machen. |
| | Du darfst nicht vergessen, deinen Ausweis | mit**zu**nehmen. |
| | Es ist eine tolle Idee, das Haus | **zu** tauschen. |
| | Es ist interessant, neue Leute | kennen**zu**lernen. |
| | Ich fahre in den Urlaub, | **um** mich **zu** erholen. |
| | Ich spreche sehr deutlich, | **damit** die Schüler alles verstehen. |

| | |
|---|---|
| **Konzessive Satzverbindungen** | Ich gehe joggen, **obwohl** es regnet.<br>Er verdient nicht viel; **trotzdem** spendet er Geld für hilfsbedürftige Menschen.<br>Ich spiele gerne Tennis, **allerdings** spiele ich nicht gut.<br>Ich spiele gerne Tennis, **aber** ich spiele nicht gut. |

| | |
|---|---|
| **Kausale Satzverbindungen** | Wir bleiben zu Hause, **weil** es stark regnet.<br>**Da** es stark regnet, bleiben wir zu Hause.<br>Wir bleiben zu Hause, **denn** es regnet stark.<br>Es regnet stark, **daher/deshalb/deswegen** bleiben wir zu Hause.<br>**Wegen** des starken Regens bleiben wir zu Hause. |

Lektion

# 21-25 Wortschatz auf einen Blick

| | |
|---|---|
| **Das schaffen wir schon!** | beschädigt, die Beschwerde, (sich) beschweren, die Bewertung, das Bewertungsportal, drohen (mit), der Kassenbeleg, der Kassenbon, reklamieren, umtauschen, verschmutzt, die Vorschrift, zurücknehmen |
| **Weg mit den Fehlern!** | der Artikel, die Aussprache, deutlich, die Endung, die Rechtschreibung, der Vokal, zusammen |
| **Der erste Arbeitstag** | der Angestellte, die Babypause, beantragen, beschäftigen, das Betriebsklima, einarbeiten, einstellen, die Fortbildung, (ein) Gewinn (sein) für, die Kinderbetreuung, kündigen, der Mitarbeiter, selbstständig, die Stelle, die Überstunde, die Unterstützung, verantwortlich, die Weiterbildung, der Wiedereinstieg, zuständig |
| **Von Mensch zu Mensch** | der Ausdruck, die Auszeichnung, erhalten, der Inhalt, das Lied, loben, planen, das Publikum, schaffen, das Stück, die Trophäe, der Turm, die Übersetzung, verwirklichen, die Zeile, zusammenfassen |
| **Von Mensch zu Mensch** | aufräumen, die Bedingung, das Besteck, der Betrieb, der Deckel, ehrenamtlich, engagiert, der Gang, das Heim, die Kaffeekanne, die Kantine, die Pfanne, pflegen, der Schüssel, spüren, stolz sein (auf), der Unterschied |

# Sprachkompetenzen auf einen Blick Lektion 21–25

**Nach den Lektionen 21–25 kann ich ...**

| | Lernschritt |
|---|---|
| ein defektes Produkt umtauschen oder zurückgeben | 61 |
| mich in den verschiedensten Situationen beschweren | 62 |
| auf eine Beschwerde reagieren | 63 |
| Korrekturen erfragen | 64 |
| Regeln zur Artikelbestimmung verstehen und Tipps zur Ausspracheverbesserung anwenden | 65 |
| Regeln zur Rechtschreibung anwenden | 66 |
| ein ausführliches Vorstellungsgespräch führen | 67 |
| meine eigene Arbeit und die von anderen beurteilen | 68 |
| über die Vereinbarkeit von Familie und Karriere diskutieren | 69 |
| mich über berühmte Filme und Schauspieler unterhalten | 70 |
| über Architekten und ihre Bauwerke sprechen | 71 |
| deutsche Gedichte lesen und verstehen | 72 |
| mich über die ehrenamtliche Tätigkeit in der Schweiz informieren | 73 |
| über neue Wege bei der Arbeit mit Behinderten diskutieren | 74 |
| über soziales Engagement in der Freizeit sprechen | 75 |

Lektion

# 26 Von Adler bis Zecke

## Lernschritt 76 Tierisch gut

*Und, Finn, wie gefällt dir der Zoo?*
*Toll, Papa!*
*Wollen wir dort mal hinübergehen?*
*Was ist denn dort drüben?*
*Da sind die Koalas.*
*Was ist ein Koala?*
*Koalas sind Beuteltiere aus Australien.*
*Au ja, lass uns rübergehen!*

*Finn, schau mal in das Gehege hinein.*
*Was ist denn da drinnen?*
*Schau mal genau rein! Siehst du das Känguru?*
*Ja, es hat ein Babykänguru in seinem Beutel. Wie kommt das denn da wieder raus?*
*Seine Mutter holt es heraus. Sieh – jetzt macht sie es gerade!*
*Ups, jetzt ist das Kleine draußen.*

*Papa, da ist eine Rutsche. Darf ich da kurz rauf?*
*Von mir aus. Aber sei vorsichtig, wenn du die Treppe hinaufsteigst!*

*Schau mal, Papa, ich bin oben. Willst du nicht auch heraufkommen?*
*Dafür bin ich zu alt. Nun rutsch herunter! Es wird bald dunkel.*
*Ich will aber noch nicht hinunterrutschen.*
*Okay, wenn du nicht runterkommst, muss ich das Eis eben allein essen.*
*Warte! Ich komme ja schon runter. Aaaahh ... schon bin ich unten.*

## Lernschritt 77 Kleine Vampire

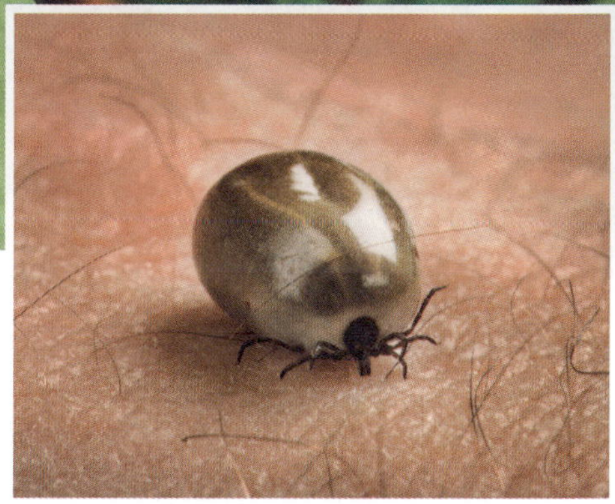

Im Sommer hält sich jeder gerne draußen auf. Die Kinder spielen im Freien, während die Eltern im Garten grillen. Bis jemand einen kleinen schwarzen Punkt auf der Haut entdeckt und schockiert ruft: „Oh mein Gott, eine Zecke!"

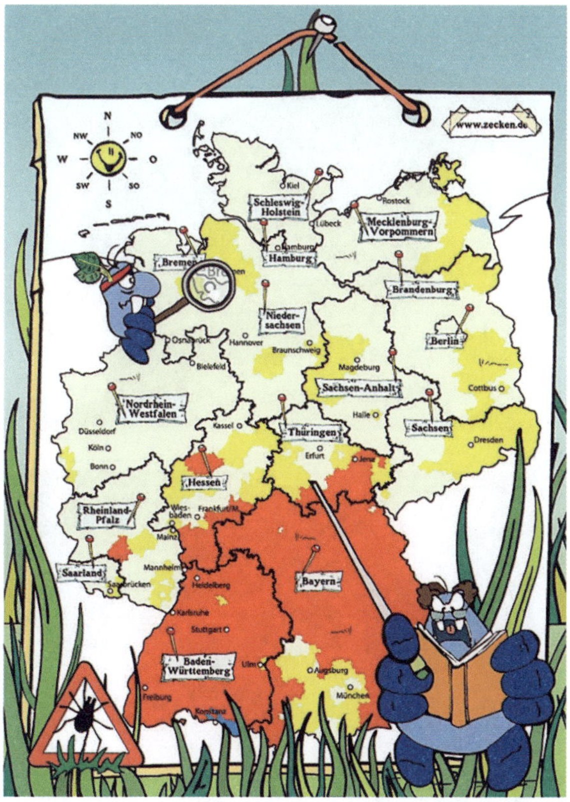


Es ist nicht leicht, eine Zecke wieder loszuwerden. Es sind winzige Spinnentiere (1–2 Millimeter), die sich an Körperstellen festbeißen, um wie Mini-Vampire unser Blut zu saugen. Man sollte die Tierchen schnell entfernen, damit sich die Wunde nicht entzündet. Am besten zieht man die Zecke mit einer Pinzette heraus. Der Kopf der Zecke muss mit raus. Er darf auf keinen Fall drinnenbleiben. Zeckenbisse können zu Infektionen und ernsthaften Erkrankungen führen. Wer viel in der Natur unterwegs ist und in einem Zeckengebiet wohnt, sollte sich und vor allem seine Kinder impfen lassen. Dann kann nicht viel passieren, und es besteht kein Grund zur Panik. Etwa 90 Prozent aller Zeckenbisse durch infizierte Zecken bleiben ohne Folgen.

### Wie kann man sich vor Zecken schützen?

- Tragen Sie im Wald und bei Spaziergängen helle und geschlossene Kleidung (Socken über die Hosenbeine)!
- Suchen Sie Ihren Körper und den Ihrer Kinder immer genau nach Zecken ab!
- Bei einem Zeckenbiss ist ärztliche Behandlung zu empfehlen!

Labradorhündin Paula nimmt täglich am Unterricht der dritten und vierten Klasse der Kerpenschule in Uchtelfangen teil. Sie lernt aber weder Lesen, Schreiben noch Rechnen, sondern „arbeitet" seit ihrer neunten Lebenswoche als Schulhund. Wie aber sieht der Arbeitstag eines Schulhundes aus? Zuerst wird Paula natürlich als Unterstützung im Biologieunterricht eingesetzt. Mit ihrer Hilfe kann den Schülern das Wissen über Hunde viel besser vermittelt werden. Aber Paula hat noch eine andere wichtige Aufgabe im Klassenzimmer. Der Klassenleiter ist überzeugt, dass Paula einen sehr positiven Einfluss auf die Schüler hat:

„Ich habe festgestellt, dass die Schüler im Unterricht konzentrierter sind. Ihre Noten haben sich verbessert und auch ihr Sozialverhalten. Kinder, die in der Klasse wenig Freunde hatten, sind durch den Hund wieder in die Klassengemeinschaft integriert worden. Das liegt sicher auch daran, dass alle gemeinsam für Paula sorgen müssen. Jeweils drei Kinder haben eine Woche lang Dienst. Sie müssen Paula dann füttern und in der großen Pause mit ihr nach draußen gehen. Jeder Schüler in der Klasse lernt, wie man einen Hund führt, und alle machen bei der Erziehung mit."

Andere Schulen, die einen Schulhund „beschäftigen", bestätigen den Erfolg des Projekts und kommen zu ganz ähnlichen Ergebnissen. Noch wichtiger aber ist es, dass die Schulkinder begeistert sind. Hier die Berichte einiger Kinder:

„Seit Ulimo in unserer Klasse ist, sind wir viel ruhiger, denn Lärm mag er gar nicht. Wenn wir zu wild sind, läuft er zu seinem Körbchen. Da drinnen liegt eine Decke, und er versteckt sich drunter. Weil wir wollen, dass er wieder rauskommt, sind wir ganz schnell sehr brav."

„Die Dose mit Kalles Hundekeksen steht oben auf dem Schrank in unserem Klassenzimmer. Manchmal sitzt er davor und schaut nach oben. Aber er kriegt sie nur, wenn wir mit ihm üben und er alles richtig gemacht hat. Kalle frisst diese Kekse sehr gern. Ich finde es toll, dass wir ihm schon so viel beigebracht haben, seit er bei uns ist."

„Wenn ich mal eine schlechte Note habe, gehe ich zu Paula und streichle sie. Dann fühle ich mich gleich wieder besser. Seit sie da ist, gehe ich viel lieber in die Schule."

Lektion 26

## Zielstrukturen

| | |
|---|---|
| Papa ist auf der anderen Straßenseite. | Geh bitte auch **hinüber**! |
| Ich bin auf der anderen Straßenseite. | Komm bitte zu mir **herüber**! |
| Eva ist schon im Haus. | Gehen wir auch **hinein**? |
| Hallo Kinder, ich bin schon im Wasser. | Kommt ihr auch **herein**? |
| Die anderen Kinder spielen im Garten. | Gehst du zu ihnen **hinaus**? |
| Paul, wir sind im Garten. | Komm doch zu uns **heraus**! |
| Opa ist oben auf dem Dachboden. | Geht bitte **hinauf** und helft ihm! |
| Wir sind hier oben im Baumhaus. | Klettert ihr auch zu uns **herauf**? |
| Die Getränke sind im Keller. | Geh **hinunter** und hol ein paar Flaschen! |
| Ich bin im Keller und räume auf. | Bring mir bitte den Staubsauger **herunter**! |

| | | | |
|---|---|---|---|
| Komm bitte | **rauf**! | – Ich bin schon | **oben**. |
| Zieh den Stecker | **raus**! | – Er ist schon | **draußen**. |
| Komm bitte | **runter**! | – Ich bin schon | **unten**. |
| Stell das Auto | **rein**! | – Es ist schon | **drinnen**. |
| Bring die Kinder | **rüber**! | – Sie sind schon | **drüben**. |
| Gehst du | **nach oben**? | – Ja, ich gehe | **rauf**. |
| Sitzt der Hund | **vor** der Tür? | – Ja, er sitzt | **davor**. |

## Zielwortschatz

Im Zoo gibt es viele große **Gehege** und **Käfige**, in denen **Löwen**, **Tiger**, **Geparde**, **Bären** und **Giraffen**, aber auch **Koalas** und **Affen** leben. **Elefanten** haben einen **Rüssel** und **Stoßzähne**. Die große **Schildkröte** ist schon sehr alt. Blindschleichen sehen wie **Schlangen** aus.

**Zecken** sind Spinnentiere; **Mücken** und **Fliegen** sind **Insekten**. Zecken **beißen**, aber Mücken **stechen**. Er hat sich gegen Malaria **impfen** lassen. Der Arzt hat den Glassplitter aus meiner Haut **entfernt**. Er hat eine **Infektion** und ist seit ein paar Wochen in ärztlicher **Behandlung**.

Tiere wollen **fressen**, deshalb muss man sie **füttern**. Man sollte nicht jeden Hund **streicheln**.

**Übung 1**
**Beantworten Sie die Fragen.**

1. Setzt sich der Vogel in den Käfig?
   *Ja, er setzt sich rein.*
2. Ist der Löwe schon im Löwenhaus?
3. Springt der Affe vom Baum auf den Boden?
4. Schwimmen die Eisbären ans andere Ufer?
5. Sind die Schildkröten im Keller?
6. Laufen die Giraffen vom Giraffenhaus in das Freigehege?
7. Klettern die Koalas auf das Dach?
8. Sind die Tiger schon im Freien?
9. Liegen die Schlangen noch auf dem Baum?
10. Sind die Geparde auf der anderen Seite?

**Übung 2**
21 **Hören Sie gut zu. Richtig oder falsch?**

| | Richtig | Falsch |
|---|---|---|
| 1. Der Kolibri kann nur rückwärts fliegen. | | ✓ |
| 2. Schildkröten können über 200 Jahre alt werden. | | |
| 3. Der Gepard ist schneller als der Wanderfalke. | | |
| 4. Hasen und Rennpferde sind ungefähr gleich schnell. | | |
| 5. Ludwig kennt sich gut mit Tieren aus. | | |
| 6. Blindschleichen können nicht sehen. | | |
| 7. Katzen können die Farbe Rot nicht sehen. | | |
| 8. Die Freunde sind zusammen im Zoo. | | |

**Übung 3**
**Unterstreichen Sie das passende Wort.**

1. Mama, ich bin in der Küche. Wo bist du? – Ich bin im Keller. Komm doch zu mir *unten/hinunter/herunter*!
2. Was machst du hier im Wohnzimmer mit deinen Stiefeln? Du hast den Teppichboden ganz schmutzig gemacht. Geh sofort *heraus/draußen/hinaus*!
3. Der Wetterbericht hat Hagel vorhergesagt. Du solltest das Auto in die Garage stellen. – Keine Panik. Es steht schon längst *drinnen/hinein/herein*.
4. Unsere Nachbarn machen heute Abend eine Grillparty. Ich bin auch eingeladen. Ich denke, ich werde so um 19 Uhr *hinübergehen/herübergehen/drübengehen*.
5. Auf diesen Turm möchte ich gerne steigen. Wenn ich *hinauf/herauf/oben* bin, habe ich eine wunderschöne Aussicht über die Stadt.

**Übung 4**
Sagen Sie es anders.

1. Wir gehen rauf.
   *Wir gehen nach oben.*
2. Er fährt runter.
3. Du schaust rüber.
4. Sie tragen die Möbel rein.
5. Die Kinder gehen raus.

**Übung 5**
Lesen Sie Lernschritt 77 noch einmal und beantworten Sie dann die Fragen.

1. Was sind Zecken? Wie groß sind sie?
2. Wo beißen sie rein?
3. Sind sie gefährlich? Wenn ja, warum?
4. Was sollte man tun, wenn man in einer Gegend wohnt, wo es viele Zecken gibt?
5. Wie kann man sich schützen?

**Übung 6**
Ergänzen Sie die Artikel und antworten Sie wie im Beispiel.

1. Sitzt da eine Fliege auf *dem* Kuchen?
   *Ja, eine Fliege sitzt drauf.*
2. Legt sich die Katze unter .................... Tisch?
3. Wartet der Hund vor .................... Geschäft?
4. Hat sich eine Maus hinter .................... Kiste versteckt?
5. Schau mal, in diesem Buch sind Bilder von allen Insekten. Das ist zum Beispiel eine Stechmücke. – Ist das neben .................... Stechmücke eine Tsetsefliege?
6. Springt der Tiger über .................... Baumstamm?

**Übung 7**
Lesen Sie Lernschritt 78 noch einmal und vervollständigen Sie die Sätze.

1. Labradorhündin Paula nimmt täglich am Unterricht teil, seit sie *9 Wochen alt ist*.
2. Hündin Paula wird im Biologieunterricht eingesetzt, weil .................... .
3. Die Schulkinder müssen gemeinsam für Paula sorgen, deshalb .................... .
4. Die Schüler sind schnell wieder ruhig, damit Hund Ulimo .................... .
5. Hund Kalle setzt sich vor den Schrank im Klassenzimmer, weil .................... .
6. Das Mädchen fühlt sich besser, nachdem sie .................... .

Lektion 27

# Geld regiert die Welt

## Lernschritt 79 Onlinebanking

*Guten Tag, Frau Beilhammer? Wie geht es Ihnen?*

*Hm ...*

*Alles in Ordnung? Ich hoffe, unsere Kinder waren nicht wieder zu laut?*

*Nein, nein. Ich habe mich nur gerade so geärgert. Wir hatten doch eine Filiale der Münzenbank hier in unserem Viertel. Heute hat mir die Mitarbeiterin am Schalter erzählt, dass sie bald für immer schließen. Jetzt muss ich also immer ins Zentrum fahren, um meine Bankgeschäfte zu erledigen.*

*Warum? Haben Sie kein Onlinebanking?*

*Im Internet? Nein, das ist mir zu gefährlich.*

*Nein, das ist heute ganz sicher und einfach. Kommen Sie mit! Ich zeige Ihnen, wie ich das mache, und wenn Sie möchten, helfe ich Ihnen beim Einrichten eines Kontos.*

**Münzenbank.de** – Ihr **sicherer** und **schneller** Partner beim **Onlinebanking**

- Schneller Zugriff auf Ihr Girokonto – rund um die Uhr!
- Erledigung von Überweisungen und Daueraufträgen – per Mausklick, vom Sofa aus!
- Übersichtliche Kontoführung – greifen Sie 24/7 auf Ihren Kontostand zu!

## Lernschritt 80 Wir heben Geld ab

Canan hat letzten Winter eine schöne Jacke bekommen, aber inzwischen ist sie so gewachsen, dass ihr die Jacke nicht mehr passt. Also geht sie heute mit ihrem Vater eine neue Winterjacke kaufen. Vorher müssen sie Geld abheben.

*Papa? Darf ich heute Geld abheben?*
*Warum nicht? Du bist alt genug, um das zu lernen. Also, hier ist die Karte. Steck Sie dort in den Schlitz!*
*So?*
*Nein, das ist falsch herum. Siehst du das kleine Bild dort? Es zeigt dir, wo der Chip sein muss. Dreh die Karte um!*
*Alles klar! Hier steht jetzt „Aktion wählen".*
*Genau. Möchten wir Geld einzahlen, Geld abheben oder den Kontostand abrufen? Kann man das alles gleichzeitig machen?*
*Nein, natürlich nicht. Wir möchten Geld abheben.*
*Also drück die Taste!*
*Jetzt kommt „PIN eingeben". Wie ist die PIN, Papa?*
*Wann hat Mama Geburtstag?*
*Am 23. August.*
*Dann kennst du jetzt unsere Geheimzahl. Tipp „2308"!*
*Okay. Jetzt kommt „Betrag wählen". Wie viel Geld heben wir ab?*
*Nimm „200 Euro"!*
*Warum kommt jetzt kein Geld?*
*Lies mal, was da steht!*
*„Karte entnehmen". Ach so, das Geld kommt erst, wenn ich die Karte aus dem Automat gezogen habe.*
*Richtig. Schau, anschließend kannst du das Geld aus dem Fach hier unten herausnehmen.*

## Lernschritt 81 Immer Ärger mit dem Geld

Du, Sarah? Kannst du mir bitte 10 Euro leihen?
Was? Aber ich habe dir doch erst vorgestern etwas geliehen.
Ja, aber das ist schon wieder weg. Bitte, bitte! Ich zahle es dir gleich zurück, nachdem ich mein Taschengeld bekommen habe.
Nein, von mir bekommst du keinen Kredit mehr! Ich bin doch keine Bank. Du musst sparsamer werden.

Heike! Stell dir vor, was mir gestern passiert ist!
Was denn?
Jemand hat meine Geldbörse gestohlen, während ich beim Einkaufen war.
Du meine Güte! Was hast du gemacht?
Ich habe gleich in der Bank angerufen und mein Konto sperren lassen. Jetzt muss ich eine Woche warten, bis ich eine neue Karte bekomme.

Guten Morgen, Herr Markwart! Wie kann ich Ihnen helfen?
Guten Morgen! Also, Sie haben doch mein Onlinekonto eingerichtet, aber das geht gar nicht. Immer wenn ich das Konto aufrufen will, kommt „falsche TAN". Ich habe alle Nummern von dieser Liste probiert, aber keine hat funktioniert. Das Programm schaltet sich ab, bevor ich irgendetwas machen kann.
Lassen Sie mal sehen... Hm, haben Sie die TAN hier oben eingegeben?
Ja, natürlich.
Jetzt verstehe ich. Das ist das Feld für Ihren Benutzernamen.
Ach so, dann muss man die TAN hier unten schreiben?
Genau. Aber das ist kein Problem, Herr Markwart. Ich gebe Ihnen eine neue Liste.

Lektion 27

**Zielstrukturen**

| | | |
|---|---|---|
| Sie ist mit einer Freundin im Café verabredet. | **Vorher**<br>**Erst**<br>**Zuerst** | hat sie einen Termin bei ihrer Bank. |
| Sie geht zu dem Termin bei ihrer Bank. | **Anschließend**<br>**Hinterher**<br>**Dann**<br>**Danach** | trifft sie ihre Freundin im Café. |
| Die Freundinnen sprechen über ihre Aktivitäten. | **Gleichzeitig** | essen sie Kuchen und trinken Kaffee. |
| Sie haben sich zehn Jahre nicht gesehen. | **Inzwischen** | haben beide geheiratet und Kinder bekommen. |

| | |
|---|---|
| **Steck** | die Karte in den Automaten! |
| **Sagt** | niemandem eure Geheimzahl! |
| **Richten** | Sie ein Onlinekonto ein! |
| **Nachdem** | er die Rechnung genau gelesen hatte, überwies er den Betrag. |

| | | |
|---|---|---|
| Er nahm einen Kredit auf, | **bevor** | er das Haus kaufte. |
| Ich trage meinen Geldbeutel immer nah am Körper, | **während** | ich in der Stadt unterwegs bin. |

**Zielwortschatz**

Er möchte ein **Konto** mit niedrigen **Gebühren eröffnen**. Ich **spare** Geld auf einem **Sparbuch**, oder ich entscheide mich für eine andere Geldanlage. Dort bekomme ich **Zinsen**. Ich muss meine **Schulden** abbezahlen. Ich darf mein Konto nicht **überziehen**. Was machst du mit **Zahlungen** wie Miete, **Telefonrechnung** oder **Autoversicherung**? Ich habe einen **Dauerauftrag** eingerichtet und eine **Einzugsermächtigung** erteilt. Die Bank **überweist** den Betrag automatisch.

Am **Schalter** in der Bank**filiale** kann man Geldgeschäfte abwickeln. Am **Geldautomaten** kann man Geld **abheben** oder **einzahlen**. Meine Miete wird jeden Monat **abgebucht**. Der **Dispokredit** ist normalerweise zwei- bis dreimal so hoch wie der regelmäßige Geldeingang. Für ein **Tagesgeldkonto** bekommt man nicht so viel Zinsen wie für eine feste Geldanlage. Das Guthaben ist das Geld, das auf meinem Konto ist.

**Übung 1**
**Was gehört zusammen?**

1. Geld, das man verdient
2. Geld, das man für seine Wohnung zahlt
3. Geld, das man von seinem Einkommen an den Staat zahlen muss
4. Geld, das man gespart hat
5. Geld, das man für eine Ware bezahlt
6. Geld, das man vom Arbeitsamt bekommt, wenn man seinen Job verloren hat
7. Geld, das man für die Benutzung von Telefon, Radio oder Fernsehen bezahlen muss
8. Geld, das man für seine Ersparnisse von der Bank bekommt

A. Steuern
B. Preis
C. Einkommen, Gehalt, Lohn oder Verdienst
D. Arbeitslosengeld
E. Gebühren
F. Zinsen
G. Ersparnisse
H. Miete

1. C
2.
3.
4.
5.
6.
7.
8.

**Übung 2**
**Ergänzen Sie.**

inzwischen bevor vorher dann gleichzeitig danach

1. ........Bevor........ ich einen Dauerauftrag erteile, muss ich ein Konto eröffnen.
2. Ich beantrage einen Kredit, ........................ können wir uns das Auto kaufen.
3. Wir erledigen die Einkäufe, ........................ gehen wir essen.
4. Es hat lange gedauert, aber ........................ fühle ich mich hier ganz wohl.
5. Viele Jugendliche machen ihre Hausaufgaben und chatten ........................ auf Facebook.
6. Ich helfe dir gleich. ........................ muss ich nur noch schnell etwas erledigen.
7. ........................ er berühmt wurde, musste er schwer arbeiten.
8. Früher war ich arbeitslos, aber ........................ habe ich eine Arbeit gefunden.

**Übung 3**
**Was ist inzwischen passiert? Verbinden Sie.**

1. Er lebt seit fünf Jahren in Deutschland,
2. Sie hat kurz mit ihrer Freundin, telefoniert
3. Wir wohnen seit einem Jahr in diesem Haus,
4. Er war lange krankgeschrieben,
5. Sie hatte vor zwei Jahren eine schwere Operation,
6. Am Anfang war er mir richtig unsympathisch,
7. Die Kinder kommen erst mittags aus der Schule,

A. inzwischen haben sich in der Firma viele Dinge verändert.
B. inzwischen mag ich ihn sehr gern.
C. inzwischen hat ihr kleiner Sohn das Sofa angemalt.
D. inzwischen hat sie Zeit, die Hausarbeit zu erledigen.
E. inzwischen geht es ihr wieder richtig gut.
F. inzwischen haben wir alle Nachbarn kennengelernt.
G. inzwischen beherrscht er die Sprache sehr gut.

1. G
2.
3.
4.
5.
6.
7.

**Übung 4**
**Ergänzen Sie die passenden Wörter in der richtigen Form.**

einzahlen abheben überweisen kaufen abbuchen bezahlen anlegen schulden

1. Guten Tag, ich möchte 500 Euro von meinem Konto *abheben* .
2. Wir nehmen leider keine Kreditkarten. Können Sie nicht bar ______ ?
3. Der Aktienkurs ist sehr gut. Ich werde mir gleich ein paar Aktien ______ .
4. Sie können am Schalter oder am Automaten Geld auf Ihr Konto ______ .
5. Die Telefonrechnung wird immer ______, das ist bequemer.
6. Er hat sein Vermögen in Aktien und Immobilien ______ .
7. Meine Eltern ______ mir mein Taschengeld auf mein Konto.
8. Ich muss Rudi endlich sein Geld zurückgeben. Ich ______ es ihm schon seit zwei Wochen.

**Übung 5**
**Bilden Sie Sätze mit *bevor, während* oder *nachdem*.**

1. Frau Aslan / Geld abheben / einkaufen
   *Nachdem Frau Aslan Geld abgehoben hat, kauft sie ein.*
2. du / Rechnung lesen / Betrag überweisen
3. wir / ein Konto eröffnen / verschiedene Banken vergleichen
4. ihr / einen Kredit aufnehmen / den Kredit zurückbezahlen
5. ich / im Internet surfen / meine Bankgeschäfte erledigen
6. er / eine Einzugsermächtigung erteilen / den Kontostand prüfen
7. ihr / Geld auf das Sparbuch einzahlen / Zinsen bekommen

**Übung 6**
**Was antworten Sie? Verbinden Sie.**

| | | |
|---|---|---|
| 1. Ich habe meine EC-Karte verloren. | A. Gleicht euer Konto schnell aus! | 1. *D* |
| 2. Wir haben unser Konto überzogen und müssen viele Zinsen zahlen. | B. Richtet einen Dauerauftrag ein! | 2. |
| 3. Ich möchte wissen, wie viel Geld auf meinem Konto ist. | C. Überweis das Geld gleich morgen! | 3. |
| 4. Wir müssen jeden Monat unsere Miete bezahlen. | D. Ruf in der Bank an und lass sie sperren! | 4. |
| 5. Ich möchte nicht mehr ständig zur Bankfiliale gehen. | E. Richten Sie ein Onlinekonto ein! | 5. |
| 6. Ich habe eine Rechnung bekommen. | F. Holen Sie Ihre Kontoauszüge! | 6. |

**Übung 7**
**Hören Sie gut zu und beantworten Sie die Fragen.** 23

1. Was benötigt der Kunde?
2. Welche zwei Sparformen bietet ihm die Bankangestellte an?
3. Entscheidet sich der Kunde sofort?
4. Welchen Vorteil hätte das Paket RentePlus?
5. Worum bittet der Kunde die Bankangestellte?

# Lektion 28 Ohne ... kann ich nicht leben!

**Lernschritt 82** SMS-frei

Meine Mutter übertreibt mal wieder. Handys sollen schlecht für die Gesundheit und schädlich für das Gehirn sein. So ein Quatsch, das kann doch gar nicht sein! Meine Mutter versteht einfach nicht, dass mir mein Handy wichtig ist. Immer wenn ich telefoniere, regt sie sich schrecklich auf. Auch meine Lehrer machen wegen der Handys Stress. Wir dürfen sie eigentlich gar nicht mit ins Klassenzimmer nehmen, das soll sogar in der Schulordnung stehen. Aber ohne mein Handy kann ich nicht leben!

Im Unterricht sind Handys nicht erlaubt, aber es gibt viele Schüler, die trotzdem unter den Tischen SMS schreiben, Fotos verschicken oder sogar Musik hören. Letzte Woche habe ich Christina das Handy weggenommen. Mehr als eine halbe Stunde pro Tag am Handy kann schon zur Abhängigkeit führen. Unsere Aufgabe als Pädagogen ist es aber, den Jugendlichen ein gutes Sozialverhalten beizubringen. Deswegen akzeptiere ich in meinem Klassenzimmer keine Handys.

Um meine Christina mache ich mir große Sorgen. Sie macht nichts mehr ohne ihr Handy. Ich kann mich ja täuschen, aber ich glaube, dass sie schon abhängig davon ist. Handystrahlen sollen ja sehr gefährlich sein, hört man immer wieder. Wenn ich meine Tochter darauf anspreche, lacht sie mich nur aus. Angeblich soll ein Lehrer ihr das Handy schon einmal weggenommen haben, weil sie im Unterricht eine SMS geschrieben hat.

Also, ich weiß ja nicht ... Je älter ich werde, umso weniger verstehe ich die Welt. Zum Beispiel dieses Smartphone hier: so ein kleiner Apparat, der aber so viel kann.

Immer wenn meine Enkel mich besuchen, bringen sie ihre Handys mit und zeigen mir die neuesten Apps. Zu meinem letzten Geburtstag haben sie mir das hier geschenkt. Leider fällt es mir sehr schwer, etwas damit zu machen. Je schlechter meine Augen werden, desto öfter muss ich die Lupe benutzen. Ich muss also jetzt nicht nur mein Handy, sondern auch immer eine Lupe mitnehmen, wenn ich aus dem Haus gehe.

Auch mit dem Einkaufen wird es immer schwieriger. Mehr und mehr Geschäfte stellen ihre Angebote nur noch ins Internet. In unserer Stadt haben letztes Jahr viele Läden geschlossen, weil die Kunden nur noch online kaufen. Für uns alte Leute ist das sehr schade. Viele haben keinen PC und können die Produkte weder anschauen noch bestellen.

Aber so ist das wohl immer mit technischen Neuerungen. Ich erinnere mich noch, als wir in unserer Familie das erste Telefon bekamen. Da hat mein Onkel gesagt: „So ein Unsinn! Das wird sich niemals durchsetzen."

## Der mobile Altenpfleger

Die Möglichkeiten der modernen Smartphones können die Altenpflege enorm verbessern und älteren Mitbürgern helfen, ihren Alltag allein zu meistern. So gibt es zum Beispiel Apps, die Senioren daran erinnern, etwas zu trinken oder ihre Medikamente zu nehmen.

Sehr nützlich ist auch die „Nach Hause"-Taste, die bei Orientierungslosigkeit helfen kann, den richtigen Weg zu finden.

Auch immer mehr Hausärzte und Altenpflegedienste nutzen diesen Weg, um mit ihren Patienten Kontakt zu halten und sie so rund um die Uhr zu unterstützen.

Die neuen Medien machen es möglich, überall und jederzeit Informationen zu bekommen und mit anderen zu teilen.

Wenn zum Beispiel eine Firma ein neues Produkt auf den Markt bringen möchte, beginnt meist schon Monate vorher eine Werbekampagne im Internet. Die Kunden können dann Wünsche äußern und ihre Meinung mit anderen teilen.

Dies kann auch negative Folgen haben: Wenn die Kunden mit einem Produkt sehr unzufrieden sind und viele negative Bewertungen abgeben, bedeutet das für Firmen oft große finanzielle Verluste. Immer häufiger müssen Firmen die Produkte dann ändern oder ganz vom Markt nehmen.

Und auch Prominente, Politiker und andere Personen, die in der Öffentlichkeit stehen, müssen damit leben, dass man ihnen online die Meinung sagt. Wenn zum Beispiel ein Politiker in einer Talkshow einen Plan ankündigt, der viele Menschen ärgert, bekommt er umgehend Post von tausenden Internetnutzern.

**User09:** Also ich finde, unser Ministerpräsident Schäufle hat vollkommen recht! Smartphones sollten erst ab 18 Jahren erlaubt sein! Viele Kinder kennen das wirkliche Leben gar nicht mehr. Sie leben nur noch im Netz.

**Melli12:** Das sehe ich anders. Je früher die Kinder lernen, mit den neuen Medien zu arbeiten, umso besser sind sie auf ihr späteres Arbeitsleben vorbereitet.

**Anonym:** Meiner Meinung nach sollten alle modernen Technologien verboten werden! Zurück zur Natur!

**TimoHerzberg:** Das finde ich nicht richtig, weil die modernen Technologien unseren Alltag enorm erleichtern. Ich kann mir ein Leben ohne Handy gar nicht mehr vorstellen.

**Melli12:** Da bin ich ganz deiner Meinung, Timo! Ich bin sehr froh, dass meine 11-jährige Tochter ein Handy hat. So kann ich sie jederzeit erreichen und weiß, dass es ihr gut geht.

**User09:** So ein Unsinn! Wir sind auch ohne Handys aufgewachsen. Hat es uns geschadet? Nein! Ich hoffe, der Ministerpräsident setzt seine Idee im Parlament durch!

**Anonym:** Sehr richtig! Einverstanden! Und danach verbieten wir Navis, Computer, Laptops und den ganzen anderen Quatsch!

## Zielstrukturen

| | | |
|---|---|---|
| Du | **kannst** | recht haben. |
| Es | ist | **möglich**, dass du recht hast. |
| **Vielleicht** | hast | du recht. |
| Er | **kann** | noch nicht zu Hause sein. |
| Er | ist | **sicher** noch nicht zu Hause. |
| Das | **kann** | nur Paul sein. |
| Das | ist | **sicherlich** Paul. |
| Handys | **sollen** | gefährlich sein. |
| **Angeblich** | sind | Handys gefährlich. |
| Die Strahlung | **soll** | schädlich für das Gehirn sein. |
| **Angeblich** | ist | die Strahlung schädlich für das Gehirn. |

| | | | | | |
|---|---|---|---|---|---|
| **Je** | **öfter** | ich telefoniere, | **desto** | **mehr** | regt sie sich auf. |
| | **mehr** | ich übe, | **umso** | | klatschen die Leute. |
| | **zufriedener** | das Publikum ist, | | **glücklicher** | bin ich. |

| | | | |
|---|---|---|---|
| **Meiner** | **Meinung** | **nach** | sollte man Smartphones verbieten. |
| **Nach meiner** | **Ansicht** | | sind Smartphones sehr nützlich. |

## Zielwortschatz

Glaubst du, die Uhr war wirklich so teuer? Ich bin sicher, Harry **übertreibt** wieder mal. Die Handystrahlen sollen **schädlich** für das Gehirn sein? Rede doch keinen **Quatsch**! Meine Eltern **regen sich** immer **über** meine Handyrechnung **auf**. Ich **mache mir Sorgen um** meine Zukunft. Viele Jugendliche **sind abhängig vom** Internet und von ihrem Handy. **Angeblich** hat er das Geld gestohlen.

**Übung 1**
**Formulieren Sie Behauptungen.**

1. Die Strahlen sind schädlich.
   *Angeblich sind die Strahlen schädlich. / Man sagt/erzählt/berichtet, dass die Strahlen schädlich sind. / Die Strahlen sollen schädlich sein.*
2. Das Internet macht abhängig.
3. Ihre Handyrechnung ist sehr hoch.
4. Handystrahlen stören den Schlaf.
5. Seine Eltern regen sich schrecklich über seine Noten auf.
6. Die Mutter macht sich große Sorgen.
7. Hilda redet nur Quatsch.
8. Harald übertreibt immer.

**Übung 2**
**Was gehört wohin? Setzen Sie ein.**

anderer anders Ansicht einverstanden finde ganz nach Quatsch

1. Meiner ___*Ansicht*___ nach sollten die Kinder schon in der Grundschule an Computern lernen.
2. Da bin ich ______ Meinung: Kinder sollten in der Natur und nicht mit Technik spielen.
3. Ich ______, dass beides wichtig ist.
4. ______ meiner Meinung lernen Kinder am besten von anderen Kindern.
5. Damit bin ich nicht ______ . Kinder brauchen einen guten Lehrer.
6. Ich sehe das ______: Nicht alle Kinder sind gleich, es gibt verschiedene Lerntypen.
7. So ein ______ ! Ich finde diese Meinung ganz falsch.
8. Da bin ich ______ deiner Meinung! Das hast du toll gesagt.

**Übung 3**
**Formulieren Sie Vermutungen. Benutzen Sie dafür die passende Form von *können*.**

1. Es ist möglich, dass meine Eltern recht haben.
   *Meine Eltern können recht haben.*
2. Er ist sicher noch nicht zu Hause.
3. Vielleicht ist sie schon im Büro.
4. Sicherlich ist sie krank. Sonst wäre sie hier.
5. Dein Handy klingelt. Das ist vielleicht Sabine.
6. Schau mal das Bild an. Das ist sicherlich von Picasso.
7. Der Film ist jetzt sicher noch nicht zu Ende.
8. Das ist sicher ein Fehler.

**Übung 4**
Hören Sie gut zu.
25 Richtig oder falsch?

| | Richtig | Falsch |
|---|---|---|
| 1. Sie hätte gerne ein modernes Handy. | | ✓ |
| 2. Zwei Handys bedeuten doppelten Stress. | | |
| 3. Sie hat ihr Handy verloren. | | |
| 4. Sie möchte überhaupt keine elektrischen Geräte im Haus haben. | | |
| 5. Ohne sein Handy kann er sein Leben nicht gut organisieren. | | |

**Übung 5**
Bilden Sie Sätze mit *je ... desto*.

1. ich viel Sport machen / ich fit werden
   *Je mehr Sport ich mache, desto fitter werde ich.*
2. er viel essen / er dick werden
3. Lehrer laut sprechen / Schüler ihn gut hören
4. Pianistin viel üben / sie gut spielen
5. es stark regnen / wir wenig Lust haben joggen
6. Wetter schön sein / Kinder gerne schwimmen gehen
7. Kaffee stark sein / ich schlecht schlafen können
8. sie ihn gut kennen / sie ihn nett finden
9. ihr schnell schreiben / ihr viele Fehler machen
10. du lange schlafen / du müde sein
11. Zuhörer begeistert klatschen / Sänger viele Lieder singen
12. Film spannend sein / Publikum zufrieden nach Hause gehen

**Übung 6**
Spielen Sie zu zweit die folgenden Szenen durch.

1. Sie wollen fernsehen, aber Ihr Partner möchte lieber ein Spiel spielen.
2. Sie haben keine Lust, die Wohnung allein zu putzen.
3. Sie wollen ausgehen, aber Ihr Partner will zu Hause bleiben.
4. Sie möchten in den Bergen Urlaub machen, Ihr Partner aber am Meer.
5. Sie wollen ins Fitnesscenter gehen, Ihr Partner aber zum Schwimmen.

**Übung 7**
Vergleichen Sie und benutzen Sie dabei die Stichworte aus dem Kasten.

Funktionen Design praktisch Hörer Klang teuer gern telefonieren mit schön aussehen

Beispiel: groß - Das Telefon ist viel größer als das Handy.

# Lektion 29 So gesehen

## Lernschritt 85 Sind Sie sicher?

Unser Auge sieht etwas, aber das Gehirn erkennt etwas anderes. Farben, Formen und Richtungen interpretieren wir manchmal falsch. Optische Täuschungen sind Teil unseres Alltags.

In manchen Bildern sind zwei verschiedene Motive zugleich enthalten. Entweder man erkennt das eine Motiv, oder man sieht zuerst das andere Motiv. Meist hat man dann Schwierigkeiten, das zweite Motiv zu erkennen, weil sich das Gedächtnis schon an das erste Motiv gewöhnt hat.

*Was ist das?*
*Ein Hase, ganz eindeutig!*
*Ich finde, das sieht eher wie eine Ente aus.*
*Na ja, wenn du meinst...*

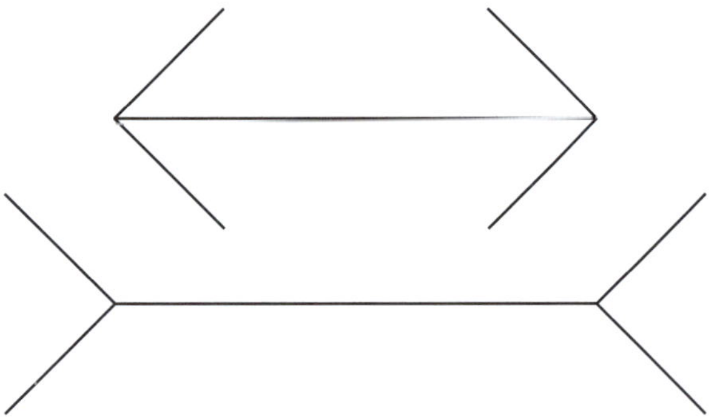

*Stimmt's? Die beiden Linien scheinen unterschiedlich lang zu sein. Das täuscht aber: Sie sind gleich lang.*
*Das glaube ich nicht, da irrst du dich sicher.*
*Dann miss doch nach!*

*Das Bild sieht so aus, als ob die Kugel dreidimensional wäre. Man könnte meinen, gleich fällt sie aus dem Bild heraus.*
*Stimmt! Als könnte man sie anfassen!*

## Lernschritt 86 Das wird wohl so sein...

Hallo Steffi! Weißt du, wo Victoria ist? Wir waren vor zwanzig Minuten hier verabredet, aber sie kommt nicht.
Hi Fabrice! Sie kann noch bei der Arbeit sein. Ich habe sie heute Mittag getroffen, und sie hat gejammert, dass sie so viel zu tun hat.
Aber warum ruft sie mich nicht an? Sie weiß doch, dass ich auf sie warte!
Keine Ahnung. Der Akku ihres Handys könnte leer sein. Vielleicht hat sie es auch zu Hause liegen lassen. Sie ist so vergesslich.
Ja, leider. Na ja, ich warte jetzt noch zehn Minuten, und dann gehe ich ins Café. Kommst du dann mit?
Gerne.

Hm, was meinst du: Nehmen wir diesen Weg und gehen dann direkt zur Hütte?
Nein, warum denn? Hier steht, dass man von dem anderen Weg eine viel schönere Aussicht hat.
Das ist richtig, aber schau dir mal den Himmel an. Ich habe Angst, dass es regnen könnte.
Du hast recht. Nehmen wir den kürzeren Weg!
Okay, wann kommen wir an?
Wir werden wohl in ein oder zwei Stunden dort sein. Bis dahin bleibt es bestimmt trocken.

Das kann doch nicht sein! Wo ist denn nur mein Schlüssel? Ich bin ganz sicher, dass ich ihn eingesteckt habe. Er kann nur in diesem Fach sein, irgendwo zwischen dem Make-up, dem Handy, dem Föhn,... Ach, ich brauche einfach eine größere Tasche.

Mona (10) und Jonas (8) sind heute Abend das erste Mal allein zu Hause, denn ihre Eltern sind ins Theater gegangen. Obwohl die Eltern es verboten haben, haben die beiden einen Vampirfilm angeschaut. Jetzt beginnt draußen ein Gewitter...

*Hast du das gehört? Was war das?*
*Ich weiß es nicht. Es hat sich angehört, als ob jemand an die Tür klopft ...*
*Soll ich zur Tür gehen?*
*Nein! Auf keinen Fall! Wer kann das sein? Um diese Zeit? Es ist schon zehn Uhr.*
*Stimmt. Du solltest schon im Bett liegen.*
*Ach, hätten wir doch bloß diesen Film nicht angeschaut. Jetzt bekomme ich bestimmt Albträume.*
*Aber du wolltest ihn doch unbedingt sehen.*
*Ja, weil alle in meiner Klasse ihn schon gesehen haben ...*
*Psst! Sei leise! Hast du das gehört?*
*Ja, da ist jemand im Garten! Oh Gott! Mona, ich habe solche Angst! Wären doch Mutti und Vati schon zu Hause.*
*Schau! Da! Am Fenster!*
*Da ist etwas vorbeigeflogen. Etwas Großes!*
*Kann das ein Vampir gewesen sein?*
*Mona! Du weißt ganz genau, dass es keine Vampire gibt und ...*
*Hallo? Seid ihr noch wach? Wir sind wieder zu Hause.*
*Mutti! Gott sei Dank! Wo ist Vati?*
*Der ist draußen im Garten. Der Sturm hat den Sonnenschirm von unserer Terrasse weggeweht, und Vati holt ihn wieder zurück.*

## Zielstrukturen

| | | |
|---|---|---|
| Man könnte denken,<br>Ich hätte gedacht, | **dass** | die Quadrate gleich groß sind. |
| Die Linien sehen so aus, | **als ob** | sie parallel wären. |
| Man hat den Eindruck, | **als** | wäre die Kugel dreidimensional. |

| | |
|---|---|
| Warum ist Thomas heute nicht hier? | Er **kann** krank sein. |
| | Er **könnte** einen Termin haben. |
| | Er **kann** zu seiner Tante gefahren sein. |
| | Er **wird** (**wohl**) etwas anderes vorhaben. |

| | | | | |
|---|---|---|---|---|
| Wenn | ich | **bloß** | mehr Zeit zum Üben | **hätte**! |
| | du | **doch** | nur kommen | **könntest**! |
| | es | | nur klappen | **würde**! |
| | ihr | | bloß zuhören | **würdet**! |
| | sie | **nur** | keine Handys im Unterricht | **hätten**! |
| | wir | | ins Konzert gehen | **könnten**! |
| Hätte | ich | **bloß** | mehr Zeit zum Üben! | |
| Könnte | | **doch** | Klavier spielen! | |

## Zielwortschatz

Wir **interpretieren** die Linie anders. Auf dem Bild gibt es verschiedene **Motive**. Man hat Schwierigkeiten, das zweite Motiv zu erkennen. Das **sieht** ganz **eindeutig wie** ein Hase **aus**. Die Linien **scheinen** gleich lang zu sein. Aber das **täuscht**. Da **irrst** du **dich** sicher! Sie sind **unterschiedlich** lang. Das Bild **sieht so aus, als wäre** die Kugel dreidimensional und als könnte man sie anfassen. **Man könnte meinen**, gleich fällt sie aus dem Bild heraus.

Die machen das **absichtlich** und nicht **aus Versehen**. Wie kommst du denn darauf? Wenn du mir besser zuhören würdest, müsste ich nicht alles zweimal erzählen!

**Übung 1**
**Ergänzen Sie die passenden Wörter in der richtigen Form.**

als ob   irren   aussehen   vorschreiben   meinen   scheinen   Täuschung

1. Ich glaube, Sie ....irren.... sich. Meiner Meinung nach war es der 3. Juli.
2. Das Bild sieht so aus, .................... es von da Vinci wäre.
3. Eine Fata Morgana ist eine optische .................... .
4. Ich lasse mir von niemandem ...................., wann ich ins Bett zu gehen habe.
5. Du .................... aber heute sehr erschöpft .................... .
6. Man könnte ...................., dass er glücklich ist.
7. Was ist mit Pedro und Maria los? Sie .................... krank zu sein.

**Übung 2**
**Ordnen Sie zu. Was passt am besten zusammen?**

1. Die Quadrate sind gleich groß.
2. Ups! Ich habe den Teller fallen lassen.
3. Ich kann dir nicht helfen; ich habe so viel zu tun.
4. Man hat den Eindruck, als wäre es hier kälter.
5. Ich denke, dass Canberra in Kanada liegt.
6. Wir sollten noch einmal von vorne anfangen.
7. Er ist sehr fleißig; er arbeitet immer.

A. Du machst mir doch nur etwas vor.
B. Das hast du doch mit Absicht getan!
C. Das finde ich auch.
D. Da irrst du dich aber gewaltig!
E. Das scheint nur so.
F. Da täuschst du dich; er tut nur so.
G. Ich habe gedacht, das linke wäre größer.

1. G
2. 
3. 
4. 
5. 
6. 
7. 

**Übung 3**
**Was gehört zusammen? Verbinden Sie.**

1. Wo ist mein Schlüssel?
2. Hast du Andi gesehen?
3. Hast du mein Handy eingesteckt?
4. Hörst du die Sirenen?
5. Denkst du, sie hat den Termin vergessen?
6. Findet die Grillparty morgen statt?
7. Wer hat die Torte gegessen?
8. Hat er ein Haustier?

A. Das kann nicht sein, ich habe sie gestern daran erinnert.
B. Nein, aber er wird wohl bald kommen.
C. Er ist so viel auf Reisen. Da wird er keines haben.
D. Ich bin nicht sicher. Es könnte regnen.
E. Das kann nur Max gewesen sein. Er liebt Sahne.
F. Ich? Du wirst es wieder einmal verlegt haben.
G. Das wird wohl die Polizei sein. Da vorne ist ein Unfall passiert.
H. Er könnte im Schloss stecken.

1. H
2. 
3. 
4. 
5. 
6. 
7. 
8. 

**Übung 4**
Hören Sie gut zu. Richtig oder falsch?
26

| | Richtig | Falsch |
|---|---|---|
| 1. Der Sprecher hat sich verwählt. | ✓ | |
| 2. Der Sprecher hat sich im Datum geirrt. | | |
| 3. Die Sprecherin hat den Passanten mit ihrem alten Lehrer verwechselt. | | |
| 4. Die Sprecherin hat eine Sehschwäche. | | |
| 5. Die Sprecherin war versehentlich im falschen Film. | | |
| 6. Der Sprecher hat sich an der Kasse absichtlich vorgedrängelt. | | |

**Übung 5**
Formulieren Sie Wünsche.

1. Hier ist es zu laut.
   *Wäre es doch nur/bloß etwas leiser!*
2. Sie ruft nicht an.
3. Ich habe zu wenig Geduld.
4. Ich kann ihr nicht helfen.
5. Sie können nicht kommen.
6. Er ist nie pünktlich.
7. Ich habe seine Handynummer nicht mehr.
8. Ich bin leider nicht im Urlaub.
9. Sie ist nicht berühmt.
10. Die Vorstellung ist nicht ausverkauft.

**Übung 6**
Hören Sie gut zu und beantworten Sie die Fragen.
27

1. An welchem Tag passierte die Geschichte?
2. Was wollte der Sprecher eigentlich essen?
3. An welchem Tag kostet der Schweinebraten nur die Hälfte?
4. Sind Palatschinken ein Fleischgericht?
5. Hatte der Sprecher genug Geld bei sich?
6. Wie hat der Sprecher das Problem gelöst?

**Übung 7**
Formulieren Sie Wünsche.

1. ……*Hätte*…… ich doch nur eine Violine!
2. …………………… ich doch bloß größer!
3. Wenn ich nur mehr Geld …………………… !
4. Ach, wenn ich dich nur sehen …………………… !
5. …………………… ich doch nur mehr Talent!
6. Wenn es doch nur wärmer …………………… !
7. Wenn es doch bloß klappen …………………… !
8. …………………… du nur bei mir!
9. …………………… du doch nur bei mir sein!
10. Wenn die Antwort doch endlich kommen …………………… !

Lektion

# 30 Abschied

## Lernschritt 88 Die Einladung

E-Mail

Von: JennyBlack78@home.com

An: tonixt@italiana.it, miyukiss@nippon.com, olegkalzov@wr.ru, vicalachica@ukra.com,...

Betreff: Abschiedsparty

Anhang: Google-Maps Wegbeschreibung

Liebe Freunde,

wie ihr ja alle wisst, hat es mit dem Job in Kiel geklappt. Einerseits freue ich mich sehr darauf, andererseits bin ich traurig ... Jetzt müssen wir Abschied nehmen, denn ich werde am Ende des Monats nach Norddeutschland umziehen.
Vorher möchte ich aber noch einmal so richtig mit euch allen feiern! Habt ihr am 6. Juli Zeit? Da würde ich euch gerne zu mir einladen. Hoffentlich ist das Wetter gut, und wir können im Garten grillen. Die Party soll um 19 Uhr anfangen. Bitte sagt mir bis Ende der Woche Bescheid, ob ihr kommen könnt!

Ganz liebe Grüße
Eure Jenny

12:34 36 %

Nachrichten Kontakt

Hi Fabrice,
Treffen für Partyvorbereitung morgen, 17 Uhr, bei mir.
Kommst du?
LG Jenny

Gestern, 18:30

Nachricht Senden

Regensburg, 24.06.2014

Sehr geehrter Herr Straubinger,

zuerst einmal ganz herzlichen Dank für den Deutschkurs! Die letzten neun Monate waren sehr interessant, und Ihr Unterricht hat mir großen Spaß gemacht.
Ganz besonders möchte ich Ihnen für die Hilfe bei meiner Bewerbung danken. Hierzu habe ich eine sehr gute Neuigkeit: Ich habe die Stelle in Kiel bekommen und kann Anfang August dort anfangen.
Vor meinem Umzug möchte ich noch eine kleine Feier veranstalten, um mich von allen Freunden aus dem Sprachkurs zu verabschieden.
Das Fest findet am 6. Juli ab 19 Uhr im Garten unseres Studentenwohnheims im Heubergweg 8 statt. Es würde mich sehr freuen, wenn Sie und Ihre Frau dann auch kommen könnten.

Ich freue mich auf Ihre Antwort.

Mit freundlichen Grüßen
Jennifer Black

## Lernschritt 89 Partyvorbereitungen

Jenny trifft sich heute mit Fabrice und Victoria, um die Party vorzubereiten.

*So, die Sitzgelegenheiten haben wir. Die Bänke und Tische können wir vom Nachbarn leihen. Sie müssen nur noch abgeholt und aufgestellt werden. Jetzt brauchen wir noch Geschirr und Besteck.*
*Mit wie vielen Gästen rechnest du?*
*Ich denke, dass etwa 30 Leute kommen werden.*
*Warum kaufst du nicht Plastikgeschirr und -besteck im Supermarkt? Das müssen wir dann nicht spülen.*
*Nein, ich spüle auch nicht gerne, aber das ist umweltfeindlich. Das muss nicht sein. Steffis Freund hat doch ein Restaurant. Meint ihr, ich könnte mir dort etwas leihen?*
*Bestimmt. Ich kümmere mich darum.*
*Danke! Fabrice, könntest du die Getränke besorgen? Du hast doch ein Auto.*
*Ja, klar, wird erledigt! Soll ich auch Fleisch und Würstchen kaufen?*
*Das wäre super. Aber denk bitte daran, dass nicht alle Fleisch essen! Es kommen auch ein paar Vegetarier. Also kauf auch Gemüse und Salate.*
*Okay. Was ist mit der Musik?*
*Das macht mein Mitbewohner Jerry. Er hat viele CDs.*
*Und die Dekoration? Der Garten sollte doch ein bisschen dekoriert werden.*
*Sabeth und Esra kommen Samstagnachmittag und helfen mir beim Vorbereiten und Dekorieren.*
*Super! Dann ist ja alles organisiert.*
*Ja, jetzt muss nur noch das Wetter mitspielen.*

Jenny fährt heute nach Kiel. Ihre Freunde sind zum Bahnhof gekommen, um sich von ihr zu verabschieden.

*Mensch, das ist ja eine Überraschung! Ihr seid alle gekommen!*
*Na klar, wir können dich doch nicht einfach so abfahren lassen. Wir werden dir alle zum Abschied winken.*
*Fabrice hat sogar weiße Taschentücher mitgebracht.*
*Ach, ist das süß. Ich wollte mich sowieso noch einmal bei euch allen für die Hilfe bei meiner Abschiedsfeier bedanken.*
*Das war eine tolle Party. Am schönsten war, dass auch Herr Straubinger mit seiner Frau gekommen ist.*
*Stimmt. Er hat sogar mit allen getanzt. So, meine lieben Freunde, es ist Zeit, einzusteigen. Ich werde euch alle schrecklich vermissen!*
*Wir wünschen dir alles Gute für dein neues Leben in Kiel! Hier, wir haben noch ein Geschenk für dich. Ein Foto von uns allen. Das haben wir am letzten Tag in der Schule gemacht.*
*Hoffentlich findest du dort auch bald neue Freunde. Aber vergiss uns nicht!*
*Ganz bestimmt nicht! Und ich hoffe, dass ihr mich bald einmal besuchen kommt.*
*Schreib uns, wie es dir geht! Und schick uns ein paar Fotos von deiner neuen Wohnung.*
*Das mache ich. Also, macht's gut!*
*Tschüss Jenny! Gute Fahrt!*

E-Mail

Von: JennyBlack78@home.com
An: tonixt@italiana.it, miyukiss@nippon.com, olegkalzov@wr.ru, vicalachica@ukra.com,...
Betreff: Kiel
Anhang: Kieler Sehenswürdigkeiten

*Liebe Freunde,*

*wie die Zeit vergeht! Jetzt bin ich schon seit drei Wochen in Kiel und hatte noch keine Zeit, euch zu schreiben. Die Stadt ist toll. Am zweiten Tag hat meine Kollegin eine kleine Führung mit mir gemacht und mir alle Sehenswürdigkeiten gezeigt. Die Fotos findet ihr im Anhang.*
*An meinem neuen Arbeitsplatz sind alle supernett und hilfsbereit.*
*Meine Wohnung liegt mitten im Zentrum und hat ein kleines Gästezimmer. Unser Foto hängt jetzt in meinem Wohnzimmer und erinnert mich an euch. Ihr könnt also jederzeit vorbeikommen und euch anschauen, wie ich jetzt lebe.*
*Ich freue mich auf euch!*

*Liebe Grüße aus Kiel*
*Jenny*

## Zielstrukturen

Sehr geehrte Damen und Herren, ...
Ich freue mich auf Ihre Antwort.
Mit freundlichen Grüßen

| Worauf freut sie sich? | Sie freut sich | auf | ihre neue Stelle. |
|---|---|---|---|
| | | darauf, | dass ihre Freunde kommen. |
| | | | mit ihren Freunden zu feiern. |

## Zielwortschatz

Der **Absender** schickt dem **Empfänger** den Brief. Das **Datum** steht immer rechts. Der **Betreff** gibt an, worum es in dem Schreiben geht. Die Nachricht beendet man mit einer **Grußformel** oder **Schlussformel**.

Vor einer Party muss viel organisiert werden. Man braucht zum Beispiel viele Stühle oder Bänke, d. h. **Sitzgelegenheiten** für alle Gäste.

## Aktivitäten

**Übung 1**
**Lesen Sie die Lernschritte 88 bis 90 noch einmal und beantworten Sie die Fragen.**

1. Warum zieht Jenny nach Kiel?
2. Wann beginnt ihre Arbeit in Kiel?
3. Wann und wo soll die Party stattfinden?
4. Was hofft Jenny?
5. Wen lädt sie zu ihrer Party ein?
6. Wobei hat ihr Herr Straubinger geholfen?
7. Wozu soll Fabrice morgen zu Jenny kommen?

**Übung 2**
**Bilden Sie Sätze.**

1. alle / Fest / ihr / einladen zu / Jenny
   *Jenny hat alle zu ihrem Fest eingeladen.*
2. Vorbereitung / Freunde / ihre / helfen bei
3. Lehrer / gratulieren zu / Jenny / ihr / Job / neu
4. alle Schüler / Lehrerin / an diesem Abend / sprechen mit
5. Gäste / wir / warten auf / unser
6. ich / Wetter / gut / hoffen auf
7. sich bedanken bei / Freunde / du / dein
8. euer / ihr / sich treffen mit / Freunde
9. die Schülern / Schultag / sich erinnern an / ihr / erster
10. Stelle / neu / Jenny / sich bewerben um
11. wir / suchen nach / richtig / Adresse

**Übung 3**
**Was gehört zusammen? Verbinden Sie.**

| | | | | | |
|---|---|---|---|---|---|
| 1. | Der Absender | A. | beendet einen Vertrag. | 1. | *B* |
| 2. | Der Empfänger | B. | schickt den Brief. | 2. | |
| 3. | Der Betreff | C. | sollte immer rechts stehen. | 3. | |
| 4. | Eine Anlage | D. | bekommt den Brief. | 4. | |
| 5. | Die Grußformel | E. | wird angehängt oder mitgeschickt. | 5. | |
| 6. | Das Datum | F. | lautet oft: „Freundliche Grüße“. | 6. | |
| 7. | Eine Kündigung | G. | setzt fest, wie lange etwas dauern darf. | 7. | |
| 8. | Eine Frist | H. | zeigt an, worum es in einem Schreiben geht. | 8. | |

**Übung 4**
**Ergänzen Sie die Sätze.**

1. Ich freue mich darauf, ................ .
2. Ich ärgere mich darüber, ................ .
3. Ich achte immer darauf, ................ .
4. Ich träume davon, ................ .
5. Ich werde damit aufhören, ................ .
6. Ich werde damit anfangen, ................ .
7. Ich bedanke mich dafür, ................ .
8. Ich denke darüber nach, ................ .

**Übung 5**
**Antworten Sie wie im Beispiel.**

1. Schenken die Freunde Jenny ein Foto?
   *Ja, sie schenken es ihr.*
2. Schickt Jenny ihren Freunden eine E-Mail?
3. Leiht uns der Nachbar seine Tische?
4. Wünschst du deinem kranken Freund gute Besserung?
5. Gibst du deiner Kollegin deine Adresse?
6. Kauft ihr euren Kindern Süßigkeiten?
7. Zeigen Sie Ihrem Freund die Stadt?
8. Bietet sie ihren Gästen Getränke an?
9. Schreibt ihr eurem Onkel eine Postkarte?
10. Kauft er seiner Frau Blumen?

**Übung 6**
**Was gehört zusammen? Verbinden Sie.**

| | | | |
|---|---|---|---|
| 1. Jenny lädt alle Freunde ein, | A. meldet sie sich per E-Mail. | 1. | *H* |
| 2. Sie dankt ihrem Lehrer, | B. weil er ihr bei der Stellensuche geholfen hat. | 2. | |
| 3. Bevor die Party beginnt, | C. trifft sie sich mit Freunden zur Vorbereitung. | 3. | |
| 4. Niemand spült gerne, | D. soll Fabrice auch Gemüse und Salate besorgen. | 4. | |
| 5. Da nicht alle Gäste Fleisch essen, | E. während die Party stattfindet. | 5. | |
| 6. Jenny hat Angst, dass es regnet, | F. um ihr zum Abschied zu winken. | 6. | |
| 7. Jennys Freunde kommen zum Bahnhof, | G. trotzdem kaufen die Freunde kein Plastikgeschirr. | 7. | |
| 8. Nachdem Jenny gut in Kiel angekommen ist, | H. denn sie möchte sich von ihnen verabschieden. | 8. | |

# Lektion 26–30 Grammatik auf einen Blick

| | |
|---|---|
| **Wohin? (Richtung)** | Komm doch zu uns **in den** Garten. Komm doch **heraus/raus**!<br>Geh doch zu den anderen Kindern **in den** Garten. Geh doch zu den anderen Kindern **hinaus/raus**!<br>Komm/Geh bitte **nach draußen**!<br>Kommen Sie bitte zu mir **ins** Büro. Kommen Sie bitte zu mir **herein/rein**!<br>Herr Müller wartet schon. Gehen Sie **in sein** Büro. Gehen Sie **hinein/rein**!<br>Kommen/Gehen Sie bitte **nach drinnen**!<br>Kommt zu mir **auf den** Dachboden. Kommt bitte **herauf/rauf**!<br>Geht zu Papa **auf den** Dachboden und helft ihm. Geht zu Papa **hinauf/rauf** und helft ihm!<br>Kommt/Geht bitte **nach oben**!<br>Komm bitte zu mir **in den** Keller. Komm bitte zu mir **herunter/runter**!<br>Ja, ich komme **in den** Keller. Ich komme **hinunter/runter**!<br>Ich komme/gehe **nach unten**!<br>Hallo, hier bin ich. Kommst du **über die** Straße? Kommst du **herüber/rüber**!<br>Er geht **auf die andere** Straßenseite. Er geht **hinüber/rüber**!<br>Er kommt/geht **nach drüben**!<br>Stell die Tasche **unter den** Tisch! – Ich habe sie doch schon **d(a)runter** gestellt.<br>Leg die Decke **auf das** Sofa. – Ich habe sie doch schon **d(a)rauf** gelegt. |
| **Wo? (Ort)** | Bist du schon **im** Garten? Bist du schon **draußen**?<br>Sind Sie schon **im** Büro? Sind Sie schon **drinnen**?<br>Seid ihr schon **auf dem** Dachboden? Seid ihr schon **oben**?<br>Ich bin schon **im** Keller. Ich bin schon **unten**.<br>Er ist schon **auf der anderen** Straßenseite. Er ist schon **drüben**.<br>Steht die Tasche **unter dem** Tisch? – Ja, sie steht **d(a)runter**.<br>Liegt die Decke **auf dem** Sofa? – Ja, sie liegt **d(a)rauf**. |
| **Zeit angebende Adverben** | Er lässt sich beraten. **Anschließend** entscheidet er sich. (*gleich nach der Beratung*)<br>Zuerst muss er ein Konto eröffnen, **dann/danach** kann er einen Dauerauftrag einrichten. (*nach der Kontoeröffnung*)<br>Gehen wir einkaufen? – Ich muss **vorher** noch zur Bank. (*vor dem Einkaufen*)<br>Ich muss noch telefonieren. **Nachher/Hinterher** gehen wir einkaufen. (*nach dem Telefonat*)<br>Sie hat im Lotto gewonnen, **seitdem** lebt sie ohne finanzielle Sorgen. (*seit dem Lottogewinn*)<br>Man kann nicht sparen und **gleichzeitig** sein ganzes Geld ausgeben. (*zur gleichen Zeit*)<br>Paul war lange arbeitslos, aber **inzwischen** hat er eine neue Stelle gefunden. (*in der Zwischenzeit*) |

| | |
|---|---|
| **Vergleichssätze mit** *als / als ob* | Er benimmt sich, **als ob** er ledig **wäre**. (Er ist aber nicht ledig.)<br>Sie tut so, **als wäre** sie glücklich. (Sie ist aber nicht glücklich.) |
| **Vermutungen** | Du **kannst** recht haben.<br>Es ist **möglich**, dass du recht hast.<br>**Vielleicht** hast du recht.<br><br>Er **kann** noch nicht zu Hause sein.<br>Er ist **sicher** noch nicht zu Hause.<br><br>Das **kann** nur Paul sein.<br>Das ist **sicherlich** Paul. |
| **Behauptungen** | Handys **sollen** gefährlich sein.<br>**Angeblich** sind Handys gefährlich.<br>**Es wird behauptet**, dass Handys gefährlich sind. |
| *je ... desto/umso* | **Je** öfter ich telefoniere, **desto/umso** mehr regt sie sich auf.<br>**Je** mehr du übst, **desto/umso** besser spielst du. |

Lektion

# 26–30 Wortschatz auf einen Blick

| | |
|---|---|
| **Von Adler bis Zecke** | der Affe, der Bär, die Behandlung, beißen, der Elefant, entfernen, die Fliege, fressen, füttern, das Gehege, der Gepard, die Giraffe, impfen, die Infektion, das Insekt, der Käfig, der Koala, der Löwe, die Mücke, der Rüssel, die Schildkröte, die Schlange, stechen, der Stoßzahn, streicheln, der Tiger, die Zecke |
| **Geld regiert die Welt** | abbuchen, abheben, die Autoversicherung, der Dauerauftrag, der Dispokredit, einzahlen, die Einzugsermächtigung, eröffnen, die Filiale, (sich) finanzieren, die Gebühren, der Geldautomat, die Internetplattform, das Konto, kostenlos, der Schalter, die Schulden, das Sparbuch, sparen überweisen, das Tagesgeldkonto, die Telefonrechnung, überziehen, die Zahlung, die Zinsen |
| **Ohne ... kann ich nicht leben!** | abhängig sein (von), angeblich, (sich) aufregen (über), der Quatsch, schädlich, (sich) Sorgen machen (um), übertreiben |
| **So gesehen** | absichtlich, aussehen (als wäre / wie), eindeutig, interpretieren, (sich) irren, das Motiv, scheinen, (sich) täuschen, unterschiedlich, (aus) Versehen |
| **Abschied** | der Absender, der Betreff, das Datum, der Empfänger, die Grußformel, die Schlussformel, die Sitzgelegenheit |

# Sprachkompetenzen auf einen Blick Lektion 26–30

**Nach den Lektionen 26–30 kann ich ...**

| | Lernschritt |
|---|---|
| über Tiere im Zoo oder einen Zoobesuch berichten | 76 |
| etwas über Krankheiten, die durch Tiere übertragen werden, sagen und über vorbeugende Maßnahmen sprechen bzw. darüber ein Gespräch mit dem Arzt führen | 77 |
| mich über Erfahrungen mit Tieren austauschen sowie über Tiere und deren Einfluss auf den Menschen diskutieren | 78 |
| mich über Konten und Bankgeschäfte informieren | 79 |
| Handlungsabläufe, zum Beispiel am Geldautomaten, wiedergeben | 80 |
| diverse Geldgeschäfte erledigen | 81 |
| über Dinge sprechen, auf die ich nicht verzichten möchte oder kann | 82 |
| über die durch die Digitalisierung verursachten Veränderungen im Alltagsleben sprechen | 83 |
| über den Einfluss der modernen Medien auf unsere Gesellschaft diskutieren | 84 |
| mich über optische Täuschungen unterhalten | 85 |
| diverse Vermutungen anstellen | 86 |
| Vermutungen hinterfragen | 87 |
| ein Einladungsschreiben formulieren | 88 |
| ein Fest planen und vorbereiten | 89 |
| schriftlich über Erlebtes berichten | 90 |

# Zusatzübungen

**Kommunikation 16**
Was würden Sie tun, wenn ... ?

## Lektion 16 Träume

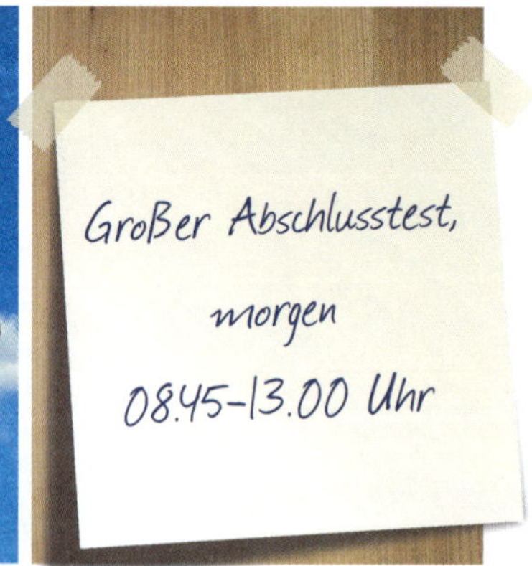

**Übung 1**
**Ergänzen Sie die Sätze.**

Was wäre, wenn … ?

1. Wenn ich eine Farbe wäre, wäre ich ................ .
2. Wenn ich ein Getränk wäre, wäre ich ................ .
3. Wenn ich eine Speise wäre, wäre ich ................ .
4. Wenn ich ein Tier wäre, wäre ich ................ .
5. Wenn ich ein Star wäre, wäre ich ................ .
6. Wenn ich ein Auto wäre, wäre ich ................ .
7. Wenn ich eine Pflanze wäre, wäre ich ................ .

**Übung 2**
**Was macht er falsch? Machen Sie es besser.**

| | |
|---|---|
| 1. Er kommt immer zu spät. | An seiner Stelle *wäre ich pünktlich*. |
| 2. Er bringt seiner Frau nie Blumen mit. | An seiner Stelle ................ . |
| 3. Er gibt seinen Kindern kein Taschengeld. | An seiner Stelle ................ . |
| 4. Er weiß immer alles besser. | An seiner Stelle ................ . |
| 5. Er vergisst den Geburtstag seiner Frau. | An seiner Stelle ................ . |
| 6. Er streitet mit allen Nachbarn. | An seiner Stelle ................ . |
| 7. Er hört nie zu. | An seiner Stelle ................ . |
| 8. Er hilft nie im Haushalt. | An seiner Stelle ................ . |

**Übung 3**
**Ergänzen Sie die Sätze.**

1. Hätte ich nächste Woche Urlaub, würde ich eine Reise nach Wien machen.
2. Wäre ich Bundeskanzler(in) von Deutschland, würde ich den Rundfunkbeitrag abschaffen
3. Würde ich 1000 Euro auf der Straße finden, würde ich er zu Polizei bringen.
4. Hätte ich morgen eine wichtige Prüfung, wäre ich besorgt.
5. Wäre heute mein Geburtstag, wäre ich glücklich.
6. Würde ich nachts ein das UFO sehen, würde niemand mir glauben.
7. Hätte ich ein exotisches Tier, würde ich es nicht verkaufen
8. Wäre heute Sonntag, würde ich ausschlafen
9. Würde ich meinen Lieblingsstar treffen, wäre ich erregt / aufgeregt. excited

## Lektion 17 Wohlbefinden finden

**Übung 1**
**Setzen Sie das passende Wort in der richtigen Form ein.**

Pflaster Magen Wunde schwitzen wohlfühlen Hausmittel bluten Untersuchung erbrechen

1. Ich habe mich in den Finger geschnitten. Bringst du mir bitte ein *Pflaster* ?
2. Manchmal helfen alte ___ besser als moderne Medizin.
3. Sie ist vom Rad gefallen und hat eine ___ am Knie, die stark ___ .
4. Ich ___ mich heute gar nicht ___ . Ich habe schon zweimal ___ .
5. Ich glaube, der Fisch, den ich gegessen habe, war nicht ganz frisch. Wahrscheinlich habe ich mir den ___ verdorben.
6. Mein Hals tut weh, ich habe Kopfschmerzen, mir ist ganz heiß, und ich ___ schrecklich. – Hast du vielleicht die Grippe?
7. Bei der ___ hat der Arzt meine Lunge abgehört.

**Übung 2**
**Formulieren Sie die Sätze um.**

1. Du solltest zum Arzt gehen.
   *Geh zum Arzt!*
2. Könntet ihr mir helfen?
3. Würden Sie Ihren Oberkörper frei machen?
4. Du solltest die Tropfen regelmäßig einnehmen.
5. Sie sollten regelmäßig Sport treiben.
6. Würdest du bitte langsamer essen?
7. Ihr solltet früher schlafen gehen.

**Übung 3**
**Formulieren Sie die Sätze um.**

1. Wenn ich mehr Pausen machen könnte, hätte ich weniger Stress.
   *Könnte ich mehr Pausen machen, hätte ich weniger Stress.*
2. Wenn du jeden Tag spazieren gehen würdest, könntest du dich besser entspannen.
3. Wenn er auf Zigaretten verzichten könnte, müsste er nicht immer so schlimm husten.
4. Wenn Sie ausreichend schlafen würden, wären Sie nicht immer so erschöpft.
5. Wenn ihr zum Einschlafen leise Musik hören würdet, hättet ihr schöne, ruhige Träume.
6. Wenn wir noch Fragen haben sollten, können wir jederzeit die Hotline anrufen.
7. Wenn Sie morgen immer noch Schmerzen haben sollten, gehen Sie besser zum Arzt.

**Übung 4**
**Was fragt ein Arzt? Stellen Sie Fragen.**

1. Ernährung
2. Schlaf
3. Gewicht
4. Temperatur
5. Sport
6. Beschwerden/Schmerzen
7. Rauchen
8. Medikamente
9. Beruf
10. Familie

**Übung 5**
**Schauen Sie die Bilder an und geben Sie Ratschläge.**

1. *An ihrer Stelle würde ich zum Arzt gehen. / Sie sollte zum Arzt gehen.*

**Übung 6**
**Hören Sie gut zu und beantworten Sie die Fragen.** 04

In der bekannten Radiosendung *Der Gesundheitsratgeber* gibt Dr. Herbst seinen Hörern Ratschläge bei gesundheitlichen Problemen und Beschwerden.

1. Welche Beschwerden und Probleme haben Anton, Julia und Else?
2. Was rät Dr. Herbst seinen Anrufern? Benutzen Sie bei Ihrer Antwort „sollte“, „könnte“ und „es wäre gut, wenn ...“.

## Lektion 18 Politik in Deutschland

**Übung 1**
**Setzen Sie die passenden Wörter ein.**

als auch oder sowohl einerseits noch sondern auch aber nicht nur auf der anderen Seite andererseits weder

1. Entweder wir gehen ins Kino oder ins Theater.
2. Einerseits würde ich gerne noch etwas bleiben, andererseits muss ich morgen früh aufstehen. Bescheid sagen / geben.
3. Weder Martin noch Dirk haben mir Bescheid gesagt.
4. Ich habe am Sonntag sowohl gegen Manuel als auch gegen Peter Tennis gespielt.
5. Einerseits finde ich ihn ganz nett, andererseits geht er mir oft auf die Nerven.
6. Ich habe zwar gerade erst etwas gegessen, aber ich habe trotzdem schon wieder Hunger.
7. Ich habe nicht nur angerufen, sondern auch noch einen Brief geschrieben.
8. Auf der einen Seite habe ich schon lange nichts mehr von ihr gehört, auf der anderen Seite habe ich mich auch lange nicht mehr bei ihr gemeldet.
9. Wir müssen sowohl Klaus als auch Tante Gerda anrufen.
10. Bei diesem Wetter können wir weder in den Biergarten gehen noch eine Radtour machen.
11. Mein Bruder hat mich nicht nur ins Museum mitgenommen, sondern er hat auch noch den Eintritt bezahlt.

**Übung 2**
**Schreiben Sie die Sätze anders.**

1. Die Eltern müssen die Kinder jeden Tag von der Schule abholen.
   *Die Kinder müssen jeden Tag von den Eltern von der Schule abgeholt werden.*
2. Früher hat der Staat den Eltern Erziehungsgeld gezahlt.
3. Man muss dem alten Mann beim Anziehen helfen.
4. Für zwei Wochen engagiert man einen Pflegedienst.
5. Der Vater oder die Mutter können Elternzeit nehmen.
6. Der Staat zahlt einen Teil der Miete.
7. Die Schwiegertochter hat die Großmutter in die Kurzzeitpflege gebracht.
8. Die Regierung muss Familien unterstützen.
9. Staatliche Unterstützung soll Ungerechtigkeiten ausgleichen.
10. Arbeitslose können Arbeitslosengeld beantragen.

**Übung 3**
**Beschreiben Sie die Grafik. Benutzen Sie die angegebenen Begriffe in der richtigen Form.**

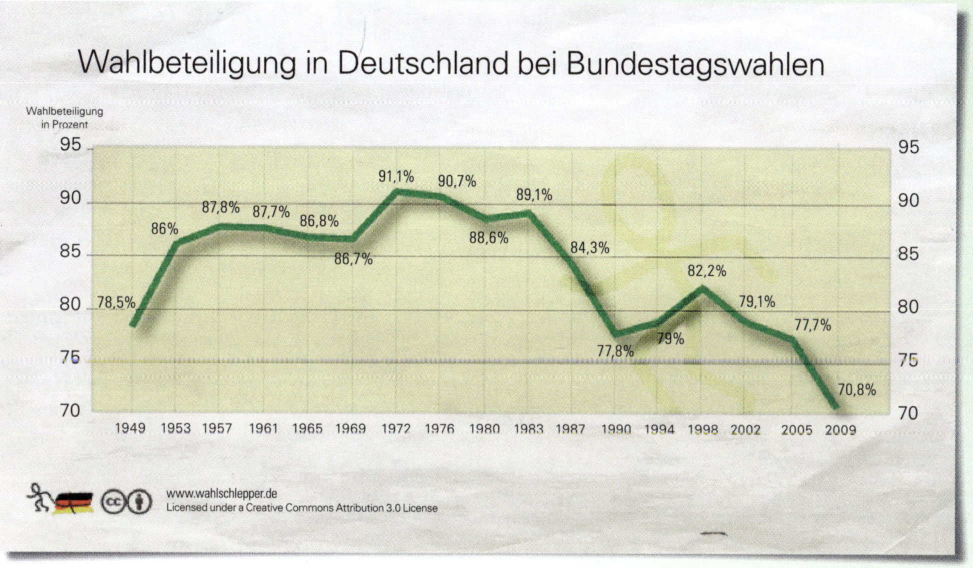


steigen um/auf  fallen um/auf  liegen bei  zur Wahl gehen
den höchsten/niedrigsten Stand erreichen

1. Bei den ersten Bundestagswahlen im Jahr 1949 ………… lag ………… die Wahlbeteiligung ………… bei 78,5 Prozent ………… .
2. Bei der nächsten Bundestagswahl im Jahr 1953 ………………… sie schon ………………… .
3. Vier Jahre später ………………… 87,8 Prozent der Bundesbürger ………………… .
4. Im Jahr 1961 ………………… die Wahlbeteiligung zum ersten Mal leicht, ………………… 0,1 Prozent, und ………………… bei 87,7 Prozent.
5. Auch in den Jahren 1965 und 1969 ………………… die Wahlbeteiligung, ………………… 0,9 Prozent (1965) bzw. 0,1 Prozent (1969).
6. 1972 ………………… sie mit 91,1 Prozent ………………… .
7. In den folgenden acht Jahren ………………… die Wahlbeteiligung um ………………… .
8. 1983 ………………… sie wieder leicht auf ………………… .
9. Im Jahr 1987 gingen nur noch ………………… der Bundesbürger zur Wahl, und 1990 ………………… die Wahlbeteiligung ………………… seit 1949.
10. In den folgenden acht Jahren ………………… sie wieder auf 79 Prozent (19…………………) und 82,2 Prozent (19…………………).
11. Seit 2002 ………………… die Wahlbeteiligung stetig und ………………… 2009 mit 70,8 Prozent ………………… aller Zeiten.

## Lektion 19 Urlaubszeit – schönste Zeit?

### Übung 1
**Was passt hier zusammen? Ordnen Sie zu.**

| | | | |
|---|---|---|---|
| 1. Ich bin es gewohnt, | A. sich auf eine Prüfung gut vorzubereiten. | 1. | |
| 2. Es ist ungesund, | B. im Flugzeug mit dem Handy zu telefonieren? | 2. | |
| 3. Es ist wichtig, | C. viele Artikel zu lernen. | 3. | |
| 4. Es ist verboten, | D. jeden Morgen um 6 Uhr aufzustehen. | 4. | |
| 5. Beim Deutschlernen ist es notwendig, | E. mir bei dieser Arbeit zu helfen? | 5. | |
| 6. Es ist nützlich, | F. sich vor einer Reise zu informieren. | 6. | |
| 7. Ist es erlaubt, | G. zu wenig zu schlafen. | 7. | |
| 8. Bist du bereit, | H. bei Rot über die Ampel zu gehen. | 8. | |

### Übung 2
**Hören Sie gut zu und beantworten Sie die Fragen.** 08

1. Wo war die Familie im letzten Jahr?
2. Wohin könnte sie in diesem Jahr fahren?
3. Wo verbringt die Tante ihren Urlaub?
4. Akzeptiert Yvonne den Vorschlag ihrer Mutter?
5. Was verspricht die Mutter?
6. Ist der Vater mit der Urlaubsplanung einverstanden?

### Übung 3
**Schreiben Sie einen Brief.**

In den Sommerferien haben Sie Ihr Haus einer Familie aus Deutschland überlassen. Dafür haben Sie in dem Haus der deutschen Familie im Schwarzwald gewohnt. Wie vereinbart, haben Sie vor Ihrer Heimreise alles aufgeräumt und geputzt. Als Sie in Ihr eigenes Haus zurückkommen, ist alles schmutzig und unordentlich. Schreiben Sie der deutschen Familie einen Brief.

### Übung 4
**Diskutieren Sie.**

Vergleichen Sie eine Urlaubsbuchung im Reisebüro mit einer Urlaubsbuchung im Internet. Diskutieren Sie dann Vor- und Nachteile der beiden Möglichkeiten.

**Kommunikation 19**

Fragen Sie die anderen Kursteilnehmer. Verwenden Sie die folgenden Satzanfänge:

Macht es dir/Ihnen Spaß, *allein zu essen* ? – Nein, ...

Haben Sie Lust / Hast du Lust, .................................... ?

Finden Sie es schön / Findest du es schön, .................................... ?

Gefällt es dir/Ihnen, .................................... ?

Haben Sie vor / Hast du vor, .................................... ?

Haben Sie vergessen / Hast du vergessen, .................................... ?

Haben Sie versprochen / Hast du versprochen, .................................... ?

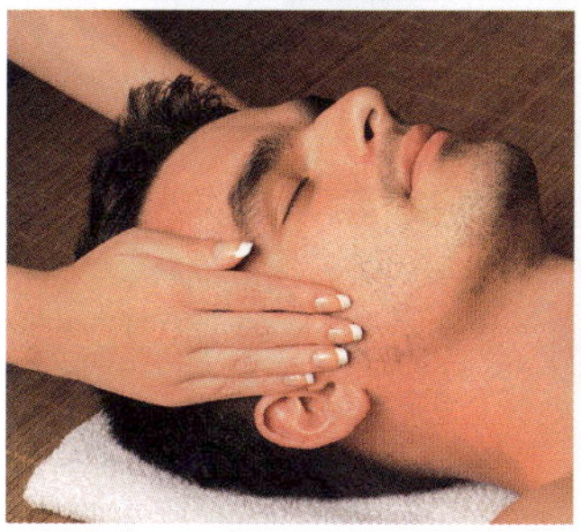

## Lektion 20 Mein Leben heute

### Übung 1
**Was passt zusammen?**

1. Die Beamtin war sehr unfreundlich zu mir.
2. Morgen schreiben wir einen schwierigen Test.
3. Ich freue mich sehr über sein Geschenk.
4. Sie weiß nichts von meinen Problemen.
5. Vom Rauchen muss ich immer husten.
6. Diese Stelle möchte ich gerne haben.
7. Paul hat die Prüfung bestanden.

A. Dann bereite dich gut darauf vor.
B. Dann gratulier ihm doch dazu.
C. Dann beschwer dich doch über sie.
D. Dann hör doch damit auf.
E. Dann bedank dich doch bei ihm.
F. Dann erzähl ihr doch davon.
G. Dann bewirb dich doch um sie.

1. C
2. ____
3. ____
4. ____
5. ____
6. ____
7. ____

### Übung 2
**Schreiben Sie.**

Schreiben Sie einen Brief in die Heimat. Verwenden Sie die folgenden Wörter:

sich gewöhnen an sich fühlen sich vorstellen gelingen Schwierigkeiten haben Unterschiede

### Übung 3
**Ergänzen Sie.**

1. Wie lange lebt Herr Moll schon *auf* dem Land? – Er lebt schon *seit* zwölf Jahren hier.
2. Und wann ist Frau Huber ........ die Stadt gezogen? – Sie ist ........ drei Monaten ........ Ulm gezogen.
3. Warum wohnen Klaus und Anna nicht mehr ........ der Wallstraße? – Sie sind ........ ihrer Nachbarn ........ ihrer Wohnung ausgezogen.
4. Wann hast du deine Eltern das letzte Mal gesehen? – Ich habe sie ........ meines Urlaubs ........ Juli besucht.
5. Wohin fliegen Sie? – Ich fliege ........ Wien ........ Zürich. Ich pendle dreimal pro Woche ........ diesen Städten.
6. Wann kommst du nach Hause? – Ich fahre ........ 17 Uhr ........ München los. Ich bin wahrscheinlich gegen 19 Uhr ........ Augsburger Bahnhof.
7. Das Hotel liegt ........ der Stadt, mitten ........ Naherholungsgebiet.
8. ........ deine Hilfe kann ich die Möbel nicht ........ den vierten Stock tragen.
9. Ich muss noch ........ Mittwoch ........ meiner Schwester bleiben und ihr ........ Renovieren helfen.
10. Die Vase habe ich ........ meiner Oma. Sie hat sie mir ........ Geburtstag geschenkt.

**Übung 4**
**Antworten Sie spontan.**

1. Woran denken Sie am liebsten?
2. Wofür interessierte sich Ihr Großvater?
3. Wogegen würden Sie protestieren?
4. Woran arbeiten Sie zurzeit?
5. Woran erinnern Sie sich gern?
6. Womit spielten Sie als Kind am liebsten?
7. Worüber würden Sie am liebsten gar nicht sprechen?
8. Worüber wissen Sie viel?
9. Mit wem sprechen Sie gern?
10. Wozu könnten Sie Ihren Eltern gratulieren?
11. Worüber würden Sie sich jetzt freuen?
12. Auf wen müssen Sie oft warten?

**Kommunikation 20**
**Welche Vorteile bietet das Leben auf dem Land / in der Stadt?**

## Kommunikation 21A
**Wie würden Sie in den folgenden Situationen reagieren?**

## Kommunikation 21B
**Erzählen Sie.**

Haben Sie eine der Situationen aus Kommunikation 21A schon einmal erlebt? Was ist passiert?

## Kommunikation 21C
**Interviewen Sie Ihren Nachbarn.**

Wann / Wo / Bei wem / Worüber haben Sie sich zuletzt beschwert?

**Übung 1**
**Bilden Sie Dialoge mit *müssen* und *brauchen*.**

1. Prospekte bezahlen
   *Muss ich die Prospekte bezahlen? – Nein, Sie brauchen die Prospekte nicht zu bezahlen.*
2. Formular unterschreiben
3. Text abschreiben
4. Frage beantworten
5. Klassenzimmer aufräumen
6. Bücher mitnehmen
7. Handy ausschalten
8. Fenster schließen
9. umsteigen

**Übung 2**
**Bilden Sie Sätze.**

Was ist an diesen Orten erlaubt, und was ist verboten?

1. in der Schule
2. im Prüfungsraum
3. im Krankenhaus
4. im Bus
5. im Zug
6. im Park
7. im Schwimmbad
8. im Kino

**Übung 3**
**Was gehört zusammen? Verbinden Sie.**

| | | |
|---|---|---|
| 1. Die Verkäuferin kann den Mantel ohne Kassenbon leider ... | A. schriftlich formulieren. | 1. *C* |
| 2. Am Beschwerdeschalter können Kunden ... | B. umtauschen. | 2. |
| 3. Oft muss man eine Beschwerde ... | C. nicht zurücknehmen. | 3. |
| 4. Der Kunde möchte den defekten Fernseher ... | D. ersetzen. | 4. |
| 5. Man sollte sich immer sachlich und ruhig ... | E. etwas reklamieren. | 5. |
| 6. Manchmal ist nicht das ganze Gerät kaputt, und man muss nur ein Teil ... | F. beschweren. | 6. |

## Lektion 22 Weg mit den Fehlern!

**Übung 1**
Ergänzen Sie und setzen Sie die Wörter zusammen. Erklären Sie dann.

1. ……*das*…… Leder + ……*der*…… Koffer
   = *Ein Lederkoffer ist ein Koffer aus Leder.*
2. ………… Bücher + ………… Regal = …………
3. ………… Kinder + ………… Fahrrad = …………
4. ………… Holz + ………… Haus = …………
5. ………… Wasser + ………… Flasche = …………
6. ………… Salat + ………… Schüssel = …………
7. ………… Nudeln + ………… Topf = …………
8. ………… Kranken + ………… Haus = …………
9. ………… Baumwolle + ………… Hose = …………
10. ………… Tomaten + ………… Suppe = …………
11. ………… Zahn + ………… Bürste = …………

**Übung 2**
Ergänzen Sie.

1. Über d*em* klein*en* Haus geht e*in* rund*er* Mond auf.
2. D…… Januar ist d…… kältest…… Monat d…… Jahres.
3. In dies…… Jahr hatten wir ein…… besonders warm…… April.
4. D…… klein…… Mädchen spielt gerne mit sein…… groß…… Bruder.
5. In unser…… letzt…… Urlaub waren wir wirklich begeistert von d…… wild…… Schönheit d…… Landschaft.
6. D…… spanisch…… Mannschaft gewann d…… spannend…… Endspiel.
7. D…… freundlich…… Arzt brauchte e…… Stunde für d…… Untersuchung.
8. Früher nannte man e…… unverheiratet…… Frau „(klein……) Fräulein".
9. Mir gefällt d…… strahlend…… Blau dein…… neu…… Kleides.
10. D…… rot…… Rose ist e…… bekannt…… Symbol für d…… Liebe.
11. Er las e…… interessant…… Studie über d…… verändert…… Verhalten von Tieren in lang…… Gefangenschaft.
12. D…… richtig…… Ernährung in d…… früh…… Kindheit ist sehr wichtig für d…… später…… Gesundheit.
13. D…… bekannt…… Universität renoviert ihr…… Bibliothek.
14. In d…… neu…… Naturkundemuseum gibt es e…… sehr interessant…… Aquarium.

**Übung 3**
Was ist das?
Erklären Sie.

1. Nähmaschine
   *Eine Nähmaschine ist eine Maschine, mit der man nähen kann.*
2. Tragetasche
3. Sitzplatz
4. Schlafzimmer
5. Liegestuhl
6. Kochkurs
7. Schreibtisch
8. Wartezimmer
9. Übungsbuch
10. Rotlicht

**Übung 4**
Hören Sie gut zu und beantworten Sie die Fragen.
14

1. Warum braucht das Kind Hilfe?
2. Wen fragt es zuerst?
3. Warum kann diese Person nicht helfen?
4. Wen soll das Kind als Nächstes fragen?
5. Aus welchem Grund kann diese Person nicht helfen?
6. Was macht das Kind jetzt?
7. Wie wird das Problem gelöst?

**Übung 5**
Ergänzen Sie die Endungen.

Tipps und Tricks zur Verbesserung der Aussprache

Wenn man (1.) sein*e*..... Aussprache verbessern will, gibt es (2.) verschieden*e*..... Möglichkeiten:
Sprechen Sie in (3.) ein...... (4.) gemäßigt...... Geschwindigkeit. Also nicht zu schnell. Wenn Sie merken, dass Sie nicht mehr genügend Luft haben, machen Sie einfach (5.) ein...... (6.) kurz...... Pause. So können Sie sich besser auf (7.) d...... (8.) einzeln...... Laute konzentrieren.
Nehmen Sie sich selbst beim Sprechen auf. Dazu können Sie (9.) ein...... Diktiergerät oder auch (10.) Ihr...... Handy verwenden. Hören Sie sich (11.) d...... Aufnahme an und versuchen Sie, (12.) Ihr...... Aussprache zu verbessern, bis alles perfekt ist.
Nehmen Sie (13.) ein...... (14.) groß...... Lutschbonbon in (15.) d...... Mund und sprechen Sie so vor (16.) ein...... Spiegel. Lesen Sie zum Beispiel etwas aus (17.) ein...... Buch vor. Lesen Sie so lange, bis (18.) d...... Bonbon aufgelutscht ist und wiederholen Sie (19.) die...... Übung (20.) jed...... Tag. (21.) D...... (22.) alt...... Römer haben das auch so gemacht, allerdings haben sie (23.) ein...... Stein verwendet.

## Lektion 23 Der erste Arbeitstag

**Kommunikation 23A**

Sie bewerben sich bei der Firma ChinaTech um eine Stelle als Projektleiter. Der Personalchef hat Sie ausführlich zu Ihrer letzten Tätigkeit befragt. Jetzt haben Sie die Möglichkeit, selbst ein paar Fragen zu stellen. Informieren Sie sich über die folgenden Punkte:

- Gehalt
- Dauer der Probezeit
- Ansprechpartner in der Einarbeitungszeit
- Arbeitszeiten
- Überstunden
- Arbeit von zu Hause aus / Homeoffice
- Urlaub
- Geschäftsreisen
- Weiterbildungsmöglichkeiten
- Kantine (Angebot/Preise)
- ...

**Kommunikation 23B**

Sie sind Personalchef der Firma ChinaTech und führen ein Vorstellungsgespräch mit einem Bewerber um die Stelle als Projektleiter. Der Bewerber hat nun viele Fragen an Sie. Informieren Sie ihn:

- Gehalt: Anfangsgehalt 2600 Euro
- Probezeit: drei Monate
- Ansprechpartner in der Einarbeitungszeit: Abteilungsleiterin Frau Simone Weigand
- Gleitzeit: 7.30–20.30 Uhr / Wochenarbeitszeit 40 Stunden / freie Zeiteinteilung
- Überstunden: 2–5 wöchentlich, vor Projektabschluss mehr, Zuschlag 25 Prozent
- Homeoffice möglich, maximal vier Tage pro Monat
- Urlaub: 33 Tage
- Geschäftsreisen: ca. 1–2 pro Jahr, vor allem nach China/Taiwan/Südkorea
- Weiterbildungsmöglichkeiten: Chinesisch- und Koreanischkurse in der Firma / Softwarekurse
- Kantine: täglich drei Gerichte zur Wahl / Fleisch, Fisch, vegetarisch / Preis: 3–5 Euro pro Gericht

**Übung 1**
**Was gehört zusammen? Verbinden Sie.**

1. Die Angestellten organisieren eine kleine Feier,
2. Die Firma baut ein neues Gebäude,
3. Ich telefoniere mit der Assistentin,
4. Du suchst eine Halbtagsstelle,
5. Wir arbeiten Tag und Nacht,
6. Er bereitet sich gut vor,
7. Ich muss sehr früh aufstehen,
8. Die Firma gibt ihm eine Einarbeitungszeit,
9. Der Arzt schreibt mich zwei Wochen krank,

A. damit er in Ruhe alles kennenlernen kann.
B. um mehr Platz zu haben.
C. damit ich mich erholen kann.
D. um das Projekt rechtzeitig zu beenden.
E. damit sie mir einen Termin beim Chef macht.
F. um den Zug zur Arbeit zu erreichen.
G. um mehr Zeit für deine Familie zu haben.
H. um keine Fehler zu machen.
I. um den neuen Mitarbeiter zu begrüßen.

1. *I*
2. 
3. 
4. 
5. 
6. 
7. 
8. 
9. 

**Übung 2**
**Ergänzen Sie die fehlenden Begriffe in der richtigen Form.**

Angestellte Betriebsklima einstellen Fortbildungskurs kündigen selbstständig Stelle Überstunde Unterstützung Wiedereinstieg zuständig

1. Ich arbeite am liebsten allein, *selbstständig* und ohne Chef.
2. Meine neuen Kollegen haben mir am Anfang sehr geholfen; ich habe viel ………… bekommen.
3. Wie viele ………… sind in dieser Firma beschäftigt?
4. Sie war drei Jahre mit ihrem Kind zu Hause. Jetzt probiert sie den ………… in ihren alten Beruf.
5. Er bewirbt sich um eine ………… als Sachbearbeiter.
6. Wenn man Karriere machen möchte, sollte man regelmäßig an ………… teilnehmen.
7. Wer ist in dieser Firma für die Weiterbildungsmöglichkeiten ………… ?
8. Alle arbeiten gerne hier, weil das ………… sehr gut ist.
9. Ich gehe heute pünktlich nach Hause; ich möchte nicht schon wieder ………… machen.
10. Du solltest dich bei RagingSoftware bewerben. Ich habe gehört, dass sie neue Mitarbeiter ………… .
11. Wenn ich nicht bald ein höheres Gehalt bekomme, werde ich ………… .

## Lektion 24 Wer ist eigentlich ... ?

**Kommunikation 24**

Interessieren Sie sich für Kultur? Was gefällt Ihnen? Worauf könnten Sie am ehesten verzichten? Unterhalten Sie sich mit Ihrem Nachbarn über die Bilder.

**Übung 1**
**Formulieren Sie um.**

1. Das Open-Air-Konzert fällt aus, weil es stark regnet.
   *Das Open-Air-Konzert fällt aus, denn es regnet stark.*
   *Es regnet stark, daher fällt das Open-Air-Konzert aus.*
   *Wegen des starken Regens fällt das Open-Air-Konzert aus.*
2. Das Theater ist im Moment geschlossen, weil es renoviert wird.
3. Das Gemälde gefällt mir nicht, weil die Farben so dunkel sind.
4. Ich liebe die Lieder dieser Band, weil die Texte sehr gut sind.
5. Das Publikum klatscht nicht, weil die Aufführung sehr schlecht war.
6. Ich kann den Text nicht verstehen, weil viele Ausdrücke neu sind.
7. Wir werden die Skulptur nicht kaufen, weil der Preis viel zu hoch ist.
8. Er hat die Trophäe erhalten, weil seine Leistung hervorragend war.
9. Ihr habt den Film gekauft, weil er viele Auszeichnungen bekommen hat.

**Übung 2**
**Sammeln Sie.**

Was wissen Sie über die Kultur in diesem Land?

1. Literatur ..........
2. Theater/Film ..........
3. Musik ..........
4. Kunst ..........
5. Bauwerke ..........

**Übung 3**
**Schreiben Sie.**

Was wissen Sie über die Kultur in Ihrer Heimat? Schreiben Sie einen kurzen Text und präsentieren Sie die drei wichtigsten Künstler Ihres Heimatlandes mit ihren wichtigsten Werken.

..........
..........
..........
..........

**Übung 4**
***damit* oder *daher*?**
**Setzen Sie ein.**

1. Ich ziehe einen Schal an, *damit* ich nicht friere.
2. Ich hatte warme Kleidung an, .......... habe ich nicht gefroren.
3. Du hast so leise gesprochen, .......... habe ich nicht alles verstanden.
4. Er hat kein Geld, .......... kann er sich den Wagen nicht leisten.
5. Er spart Geld, .......... er sich einen neuen Wagen leisten kann.
6. Ich habe keine Zeit, .......... kann ich leider nicht bleiben.
7. Sie schreibt viele Texte, .......... sich ihre Rechtschreibung verbessert.
8. Niemand korrigiert sie, .......... verbessert sie sich nicht.

## Lektion 25 Von Mensch zu Mensch

**Übung 1**
**Bilden Sie Sätze. Benutzen Sie jeweils *obwohl* und *trotzdem*.**

1. Ich verstand jedes Wort. Die Kinder sprachen sehr leise.
   *Ich verstand jedes Wort, obwohl die Kinder sehr leise sprachen.*
   *Die Kinder sprachen sehr leise; trotzdem verstand ich jedes Wort.*
2. Der Schüler lernt fleißig. Er hat schlechte Noten.
3. Die Prüfung war nicht schwer. Wir haben viele Fehler gemacht.
4. Wir haben den Wagen hier abgestellt. Hier ist Parken verboten.
5. Der Autofahrer fuhr sehr schnell. Es war dichter Nebel.
6. Der Zahnarzt hat mir eine Spritze gegeben. Ich habe den Schmerz gespürt.
7. Mein Vater ist stolz auf mich. Ich habe das Spiel nicht gewonnen.

**Übung 2**
**Formulieren Sie die Sätze um.**

1. Sie pflegt ihre kranke Großmutter.
   *Sie hat ihre kranke Großmutter gepflegt.*
2. Er nimmt sich Zeit für uns.
3. Wir bieten verschiedene Mittagsgerichte an.
4. Du ernährst dich sehr ungesund.
5. Das Geschäft läuft sehr gut.
6. Wer bereitet die Hauptspeise zu?
7. Der Kellner bedient die Gäste.
8. Wir probieren die Nachspeise.
9. Deckst du den Tisch?
10. Die Bedienung schenkt dem Gast noch mehr Wein ein.
11. Räumst du das Besteck auf?

**Übung 3**
**Setzen Sie das passende Wort ein.**

Gang Pfanne Schüssel Kaffeelöffel Besteck Vorspeise Kanne Deckel

1. Kann ich mir noch etwas Tee einschenken? – Bitte, bedienen Sie sich! Die ......*Kanne*...... steht in der Küche.
2. Gibst du mir bitte eine .................... für die Suppe?
3. Ich bin noch nicht satt. Wann kommt denn der nächste .................... ?
4. Für das Kuchenrezept brauche ich einen .................... Backpulver.
5. Du brauchst eine ...................., um Spiegeleier zu machen.
6. Hast du keinen .................... für diesen Topf?
7. Wo hast du Messer und Gabel? – Das .................... ist in der Schublade neben der Spüle.
8. Als .................... nehme ich Honigmelone mit Schinken.

**Übung 4**
**Bilden Sie Sätze. Benutzen Sie jeweils *aber* und *allerdings*.**

1. Mein Bruder hat viele Hobbys. Er hat nur wenig Zeit dafür.
   *Mein Bruder hat viele Hobbys, aber er hat nur wenig Zeit dafür.*
   *Mein Bruder hat viele Hobbys, allerdings hat er nur wenig Zeit dafür.*
2. Es gab wenig Fleisch. Die Beilagen waren reichlich.
3. Wir können essen. Ich muss zuerst den Tisch decken.
4. Er hat den Unfall überlebt. Er sitzt jetzt im Rollstuhl.
5. Er ist blind. Er malt sehr gut.
6. Das Geschirr steht in der Küche. Ich habe es noch nicht gespült.

**Übung 5**
**Lesen Sie die Lernschritte 73 und 74 noch einmal und entscheiden Sie. Richtig oder falsch?**

| | | Richtig | Falsch |
|---|---|---|---|
| 1. | Freiwillige Hilfe ist in der Schweiz sehr wichtig. | ✓ | |
| 2. | Die freiwilligen Helfer engagieren sich auch privat. | | |
| 3. | Die ehrenamtlichen Helfer bekommen Geld, um ihre Unkosten bezahlen zu können. | | |
| 4. | 25 Prozent der Schweizer engagieren sich ehrenamtlich. | | |
| 5. | Die meisten Freiwilligen kümmern sich um Behinderte. | | |
| 6. | In einem Integrationsbetrieb muss die Hälfte der Mitarbeiter behindert sein. | | |
| 7. | Das Hauptgeschäft von I-Aktiv ist die Gebäudereinigung. | | |
| 8. | I-Aktiv verlangt für das Spülen des Geschirrs einen Aufpreis. | | |
| 9. | Die behinderten Mitarbeiter haben eine kürzere Arbeitszeit. | | |
| 10. | Die Mitarbeiterin Frieda kann nicht hören und nicht sprechen. | | |

**Übung 6**
**Was gehört zusammen? Verbinden Sie.**

| | | | |
|---|---|---|---|
| 1. Trotz der Erklärung | A. unterschreibt er den Kaufvertrag. | 1. | D |
| 2. Trotz der großen Werbeaktion | B. ist der See nicht gefroren. | 2. | |
| 3. Trotz der genauen Wegbeschreibung | C. telefoniert er im Auto mit dem Handy. | 3. | |
| 4. Trotz des hohen Preises | D. versteht der Schüler das Wort nicht. | 4. | |
| 5. Trotz der vielen Proteste | E. will keiner das Produkt kaufen. | 5. | |
| 6. Trotz der Impfung | F. wird die Straße durch den Wald gebaut. | 6. | |
| 7. Trotz des Verbots | G. haben wir uns verfahren. | 7. | |
| 8. Trotz der großen Kälte | H. ist sie an Malaria erkrankt. | 8. | |

## Lektion 26 Von Adler bis Zecke

**Übung 1**
**Ergänzen Sie die passenden Wörter in der richtigen Form.**

merken ähnlich Kopf Behandlung fehlen Infektion gefährlich wehtun Hals entfernen Fieber impfen Zecke

Was (1.) ……fehlt…… Ihnen?
Sehen Sie mal, Herr Doktor. Ich habe hier am (2.) ………… so einen komischen schwarzen Pickel. Den habe ich erst seit ein paar Tagen.
Lassen Sie mal sehen. Oh, das ist kein Pickel, sondern eine (3.) ………… . Sie ist schon leicht mit Blut gefüllt. Ich muss sie (4.) ………… .
Wird das (5.) ………… ?
Nur ein bisschen. So, hier ist das Tierchen. Mit (6.) ………… und allem Drum und Dran.
Ist so ein Zeckenbiss (7.) ………… ?
Manchmal kann es zu einer (8.) ………… kommen. Wie zum Beispiel zur Frühsommer-Meningoenzephalitis, kurz FSME genannt.
Oh! Wie (9.) ………… ich, dass ich das habe? Welche Beschwerden hat man dann?
Die Symptome sind ganz (10.) ………… wie bei einer Grippe. Es kann auch zu (11.) ………… kommen. Die (12.) ………… erfolgt dann mit schmerz- und fiebersenkenden Mitteln.
Aha! Kann ich mich gegen diese FSME (13.) ………… lassen?
Ja, natürlich. Das ist kein Problem. Das können wir sofort machen.
Moment, nicht so schnell. Das überlege ich mir noch einmal.

**Übung 2**
**Setzen Sie die Verben in der richtigen Form ein.**

1. Der Löwe ……frisst…… (fressen) ausschließlich Fleisch.
2. Das Mädchen hat die Katze ………… (streicheln).
3. Eine Mücke sitzt auf deinem Arm. Pass auf! Gleich ………… (stechen) sie dich.
4. Komm schnell! Die Giraffen werden gerade ………… (füttern).
5. Hat dich schon einmal ein Hund ………… (beißen)?

**Übung 3**
**Ergänzen Sie.**

in dem über den auf das in die hinter der von dem auf dem

1. Sie steht ……in dem…… Stall. Sie steht drinnen.
2. Sie setzt sich ………… Pferd. Sie setzt sich drauf.
3. Das Pferd springt ………… Zaun. Es springt drüber.
4. Das Futter ist ………… Halle. Es ist dahinter.
5. Das Pferdetraining ist dort ………… Gelände. Es ist dort drüben.
6. Die Tiere laufen ………… Halle. Sie laufen hinein.
7. Der Reiter steigt ………… Pferd. Er steigt runter.

**Übung 4**
Hören Sie gut zu
22 und beantworten Sie die Fragen.

1. Leben Elefanten allein?
2. Wie schwer können Elefanten werden?
3. Wie lang werden die Stoßzähne des Afrikanischen Elefanten?
4. Welcher Elefant hat größere Ohren – der Afrikanische oder der Asiatische?
5. Wie unterscheiden sich die Rüssel von Afrikanischen und Asiatischen Elefanten?
6. Wie dick ist die Haut eines Elefanten?
7. Wo leben die Afrikanischen Elefanten?
8. Wie alt werden Elefanten im Durchschnitt?

**Übung 5**
Ergänzen Sie.

hinaus draußen hinein drinnen herein raus heraus rüber drüben

1. Der Hund bleibt heute lieber in seinem Körbchen. Er kommt nicht *raus/heraus* .
2. Wir reiten nicht in der Halle, sondern ________ .
3. Schau mal! Ich bin auf der anderen Straßenseite. Komm doch auch ________ !
4. Bring die Kühe in den Stall! – Ich habe sie schon ________ getrieben.
5. Sind die Kinder im Haus? – Ja, sie sind schon ________ .
6. Die Ställe sind alle ________ auf der anderen Straßenseite.
7. Guten Tag, kommen Sie bitte ________ und schließen Sie bitte die Tür.
8. Zieh den Stick einfach ________ .
9. Die anderen Kinder spielen im Garten. Willst du nicht auch ________ gehen?

**Übung 6**
Ergänzen Sie.

1. Holen Sie den Sattel aus *dem* Stall.
2. Legen Sie den Sattel auf ________ Rücken des Pferdes.
3. Steigen Sie auf ________ Pferd.
4. Wenn Sie auf ________ Pferd sitzen, nehmen Sie die Zügel in ________ Hand.
5. Halten Sie die Zügel fest in ________ Hand.
6. Reiten Sie langsam bis zu ________ Wald.
7. Reiten Sie nicht in ________ Wald. Bleiben Sie auf ________ Wiese.
8. In 15 Minuten treffen wir uns vor ________ Reithalle.

## Lektion 27 Geld regiert die Welt

**Übung 1**
**Ergänzen Sie.**

1. Ich hebe Geld von meinem Konto ___*ab*___ .
2. Kann ich auch online ein Konto ______öffnen?
3. Paul nimmt einen großen Kredit ______ .
4. Die Bank bietet mir ein Tagesgeldkonto mit 3 Prozent Zinsen ______ .
5. Sie können auch am Geldautomaten Geld ______zahlen.
6. Füllen Sie doch bitte noch dieses Formular ______ .
7. Sie können den Betrag bar ______zahlen oder ______weisen.
8. Rudi legt sein Vermögen in Immobilien ______ .
9. Die Kinder geben ihr ganzes Taschengeld für Süßigkeiten ______ .
10. Er kann nicht mit Geld ______gehen, sein Konto ist immer ______zogen.

**Übung 2**
**Hören Sie gut zu.**
24 **Richtig oder falsch?**

| | Richtig | Falsch |
|---|---|---|
| 1. Frau Maurer hat ein Konto bei der Servicebank Darmstadt. | | ✓ |
| 2. Herr Wegener hat 567 Euro nach Darmstadt überwiesen. | | |
| 3. Herr Wegener soll am nächsten Tag zurückrufen. | | |
| 4. Frau Köbelin hat einen Dauerauftrag gekündigt. | | |
| 5. Frau Maurer kann das sofort kontrollieren. | | |
| 6. Der Betrag wird zurückgebucht. | | |
| 7. Herrn Trippners Kreditkarte ist verschwunden. | | |
| 8. Wenn jemand mit der Karte bezahlt, muss die Bank nicht dafür haften. | | |

**Übung 3**
**Ergänzen Sie.**

Gehalt bargeldlos Girokonto Zinsen Überweisungen Konto EC-Karte

Guten Tag, ich möchte bei Ihnen ein (1.) ___*Konto*___ eröffnen.
Gerne, was möchten Sie: ein (2.) ______ oder ein Sparkonto?
Was ist der Unterschied?
Von einem Girokonto können Sie (3.) ______ machen.
Und was noch?
Sie bekommen eine (4.) ______ . Mit der können Sie am Geldautomaten Geld abheben und in den Geschäften (5.) ______ bezahlen.
Und bei einem Sparkonto?
Da bekommen Sie (6.) ______, aber keine Kreditkarten.
Ich brauche das Konto für mein (7.) ______ und für die Miete.
Dann brauchen Sie ein Girokonto.

**Übung 4**
Was fehlt hier? *bevor, während* oder *nachdem*?

1. *Während* Frau Müller in der Schlange wartet, schreibt sie eine SMS.
2. ............ du das unterschreibst, solltest du es genau lesen!
3. Er trifft sich mit Freunden im Café, ............ er seine Bankgeschäfte erledigt hat.
4. Pass auf, dass niemand deine PIN mitlesen kann, ............ du am Automaten Geld holst.
5. Jemand hat meine EC-Karte gestohlen, ............ ich im Bus gesessen habe.
6. Man sollte seinen Kontostand überprüfen, ............ man einen großen Betrag überweist.
7. ............ die Filiale geschlossen hatte, mussten die Kunden eine neue Bank suchen.

**Übung 5**
Schreiben Sie Sätze in der Vergangenheit.

1. eine Ausbildung machen / viel Geld verdienen (er/danach)
   *Er hat eine Ausbildung gemacht. Danach hat er viel Geld verdient.*
2. ein Haus kaufen wollen / einen Kredit beantragen müssen (sie/vorher)
3. eine Lebensversicherung abschließen / ein Sparkonto eröffnen (ich/gleichzeitig)
4. Aktien kaufen / viel Geld verlieren (wir/seitdem)
5. 2010 an die Börse gehen / acht neue Filialen eröffnen (die Firma / hinterher)
6. im Lotto gewinnen / nicht mehr arbeiten müssen (sie/seitdem)
7. früher sehr arm sein / genug Geld zum Leben haben (er/inzwischen)
8. bei der Bank gut beraten werden / ein Girokonto eröffnen (ich/anschließend)

**Kommunikation 27**
Was mache ich damit?

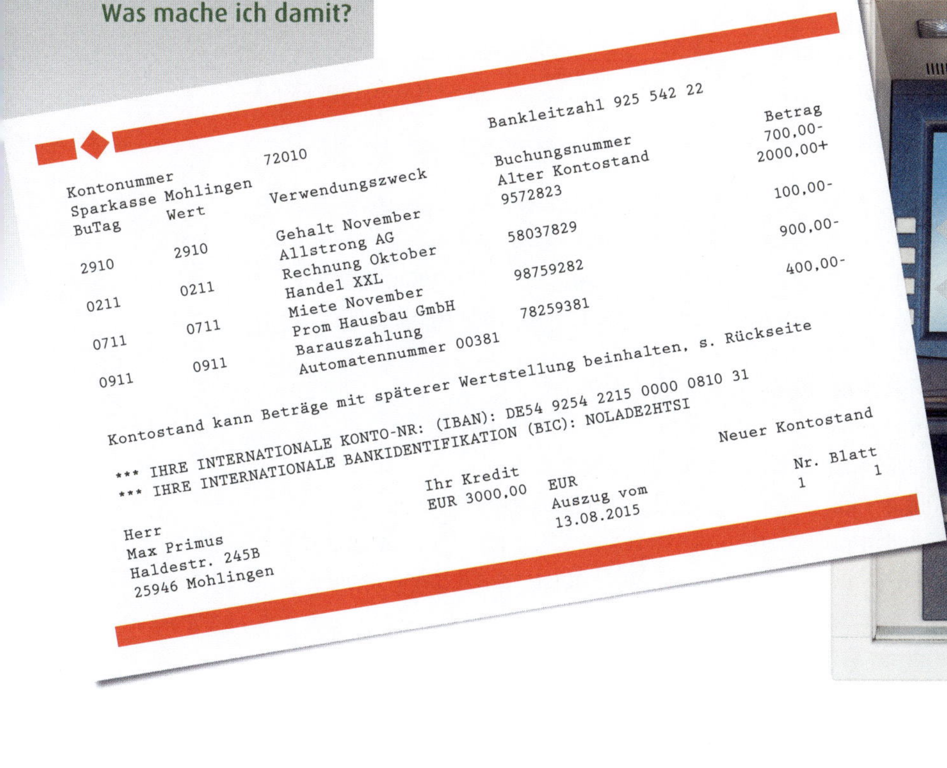
Kontonummer 72010 Bankleitzahl 925 542 22
Sparkasse Mohlingen

| BuTag | Wert | Verwendungszweck | Buchungsnummer | Betrag |
|---|---|---|---|---|
| | | Alter Kontostand | | 700,00- |
| 2910 | 2910 | Gehalt November Allstrong AG | 9572823 | 2000,00+ |
| 0211 | 0211 | Rechnung Oktober Handel XXL | 58037829 | 100,00- |
| 0711 | 0711 | Miete November Prom Hausbau GmbH | 98759282 | 900,00- |
| 0911 | 0911 | Barauszahlung Automatennummer 00381 | 78259381 | 400,00- |

Kontostand kann Beträge mit späterer Wertstellung beinhalten, s. Rückseite
*** IHRE INTERNATIONALE KONTO-NR: (IBAN): DE54 9254 2215 0000 0810 31
*** IHRE INTERNATIONALE BANKIDENTIFIKATION (BIC): NOLADE2HTSI

Ihr Kredit EUR 3000,00 | EUR | Neuer Kontostand | Auszug vom 13.08.2015 | Nr. 1 | Blatt 1

Herr
Max Primus
Haldestr. 245B
25946 Mohlingen

## Lektion 28 Ohne ... kann ich nicht leben!

**Übung 1**
**Was gehört zusammen?**

1. Seit sie beschlossen hat, den Marathon zu laufen, trainiert sie jeden Tag 6 Stunden.
2. Er wollte vor drei Stunden zu Hause sein. Wir können ihn auch nicht auf dem Handy erreichen.
3. Sie liest schon vor dem Frühstück ihre SMS und schreibt E-Mails.
4. Das Konzert war wunderschön, aber immer wieder hat irgendwo ein Handy geklingelt.
5. Was? Du hast für die Party fünf Kuchen gebacken?
6. Die wievielte Tasse Kaffee trinkst du jetzt?
7. Du hast so viel für die Prüfung gelernt.
8. Er sollte nicht stundenlang am PC sitzen.

A. Darüber habe ich mich sehr aufgeregt.
B. Wir machen uns Sorgen um ihn.
C. Ich finde, sie übertreibt die Vorbereitung.
D. Also reg dich nicht auf! Du wirst sie sicher bestehen.
E. Da hast du ein bisschen übertrieben. Es kommen doch nur sechs Gäste.
F. Ich fürchte, du bist vom Koffein abhängig.
G. Das ist schädlich für die Augen.
H. Ich glaube, sie ist von ihrem Smartphone abhängig.

**Übung 2**
**Ergänzen Sie die Sätze.**

1. Je leiser du sprichst, *umso/desto schlechter verstehe ich dich* . (schlecht verstehen)
2. Je mehr das Kind fernsieht, ............ . (sich schlecht konzentrieren können)
3. Je öfter wir uns sehen, ............ . (sich gut verstehen)
4. Je weniger man arbeitet, ............ . (wenig verdienen)
5. Je seltener ich Auto fahre, ............ . (unsicher sein)
6. Je reicher er wurde, ............ . (einsam sein)
7. Je länger der Wein im Keller liegt, ............ . (gut schmecken)

**Übung 3**
**Ergänzen Sie die Sätze.**

für um auf von

1. Gestern habe ich eine Stunde *auf* den Zug gewartet.
2. Gut, dass du endlich da bist. Ich habe mir schon Sorgen ............ dich gemacht.
3. Die vielen Autoabgase sind sehr schädlich ............ die Umwelt.
4. Sie schreibt nächstes Jahr Abitur. Sie will sich jetzt ganz ............ die Schule konzentrieren.
5. Habt ihr gerade ............ dem Konzert gesprochen?
6. Das Publikum war ganz begeistert ............ der Sängerin.
7. Er ist noch Student und seine Eltern unterstützen ihn finanziell. – Ah, er ist also noch ............ seinen Eltern abhängig.

**Übung 4**
Sammeln Sie Vor- und Nachteile von Smartphones.

| Vorteile | Nachteile |
|---|---|
| | |

**Kommunikation 28**
Bilden Sie Dialoge. Formulieren Sie Vermutungen. Was kann das sein?

*Das kann ein(e) ... sein. – Das ist vielleicht ein(e) ... .*
*Das kann kein(e) ... sein. – Das ist sicher kein(e) ... .*
*Das kann nur ein(e) ... sein. – Das ist sicherlich ein(e) ... .*

## Lektion 29 So gesehen

**Übung 1**
Hören Sie gut zu.
28 Was macht diese Menschen glücklich?

1. Glück ist für mich, wenn morgens beim Aufwachen die Sonne scheint .
2. Glück ist für mich, ________ .
3. Glück ist für mich, ________ .
4. Glück ist für mich, ________ .
5. Glück ist für mich, ________ .
6. Glück ist für mich, ________ .
7. Glück ist für mich, ________ .
8. Glück ist für mich, ________ .

**Übung 2**
Was machen Sie in zehn Jahren? Haben Sie ein paar Vermutungen?

Es könnte sein, dass ich dann in ________ lebe.
Ich werde wohl bei ________ als ________ arbeiten.
Möglicherweise ________ und ________ ich in meiner Freizeit.
Vermutlich habe ich dann ________ und ________ .
Ich könnte auch ________ .

**Übung 3**
Was gehört zusammen? Verbinden Sie.

| | | | | | |
|---|---|---|---|---|---|
| 1. | sich täuschen | A. | das Denkorgan | 1. | I |
| 2. | eindeutig | B. | berühren | 2. | |
| 3. | scheinen | C. | identifizieren | 3. | |
| 4. | das Motiv | D. | wirken, aussehen, als ob | 4. | |
| 5. | das Gehirn | E. | glauben, denken | 5. | |
| 6. | meinen | F. | das Bild | 6. | |
| 7. | erkennen | G. | nicht gleich | 7. | |
| 8. | unterschiedlich | H. | ganz klar | 8. | |
| 9. | anfassen | I. | sich irren | 9. | |

**Übung 4**
Lesen Sie Lernschritt 87 erneut und verbinden Sie die Sätze.

| | | | | | |
|---|---|---|---|---|---|
| 1. | Mona und Jonas sind allein zu Hause, | A. | dass ein Vampir am Fenster vorbeigeflogen ist. | 1. | I |
| 2. | Ihre Eltern haben es verboten, | B. | freut Jonas sich sehr. | 2. | |
| 3. | Alle in Jonas' Klasse haben den Film schon gesehen, | C. | trotzdem haben sie einen Vampirfilm angeschaut. | 3. | |
| 4. | Normalerweise muss Jonas | D. | daher wollte er ihn auch sehen. | 4. | |
| 5. | Das erste Geräusch klingt, | E. | als ob jemand vor der Tür steht. | 5. | |
| 6. | Jonas glaubt, | F. | um den Sonnenschirm zu suchen. | 6. | |
| 7. | Die Kinder wünschen sich, | G. | dass ihre Eltern nach Hause kommen. | 7. | |
| 8. | Als die Mutter hereinkommt, | H. | um zehn Uhr im Bett sein. | 8. | |
| 9. | Der Vater ist in den Garten gegangen, | I. | weil ihre Eltern im Theater sind. | 9. | |

**Kommunikation 29**

Optische Täuschungen

1. Versuchen Sie, die Farbe der einzelnen Wörter zu benennen.
2. Sind die roten Querlinien gebogen oder gerade?
3. Wo beginnen die Pfeile?
4. Sind beide Kreise gleich rund?
5. Sind die Querlinien parallel zueinander?
6. Sind die Männer gleich oder unterschiedlich groß?
7. Was sehen Sie: eine junge oder eine alte Frau?
8. Wie viele Enden hat diese Form?
9. Was sehen Sie: zwei Gesichter oder einen Pokal?

# Lektion 30 Abschied

**Kommunikation 30**
Die Geschichte des Schreibens: Erzählen Sie.

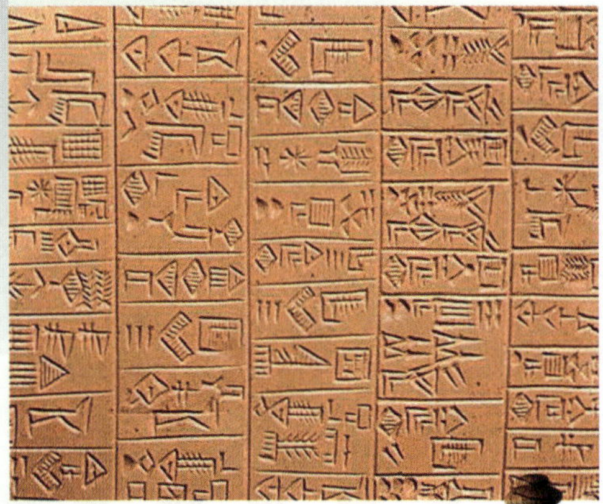

**Übung 1**
**Erzählen Sie.**

Wann, wo, wie und warum schreibt man die folgenden Dinge?

1. Einkaufszettel
2. Postkarte
3. Kündigung
4. privater Brief
5. SMS
6. E-Mail
7. Telefonnotiz
8. Aufsatz

**Übung 2**
**Wie heißen die Fragen?**

1. Wir haben uns **mit unserer Nachbarin** unterhalten.
   *Mit wem habt ihr euch unterhalten?*
2. Er freute sich sehr **auf die Party**.
3. Sie hat sich sehr **über die Geschenke** gefreut.
4. Ich rechne **mit 30 Gästen**.
5. **Meine Freunde** werden mir bei der Vorbereitung helfen.
6. Wir haben **auf unseren Lehrer** gewartet.
7. Sie schrieb **an ihre Cousine**.
8. Als Kind interessierte er sich sehr **für Tiere**.
9. Wir werden uns **nächste Woche** mit dem Problem beschäftigen.
10. **Nein**, ich habe keine Angst vor der neuen Stelle.

**Übung 3**
**Was fehlt hier? Setzen Sie ein.**

damit dass deswegen trotzdem vor vorher während weil

1. Jenny schreibt Herrn Straubinger, *dass* ihr der Unterricht großen Spaß gemacht hat.
2. Sie hat eine Stelle in einer anderen Stadt, ............ muss sie umziehen.
3. Die Freunde schenken ihr ein Foto, ............ Jenny sie nicht vergisst.
4. Die Gäste kommen um sieben, ............ muss alles vorbereitet werden.
5. Jerry kümmert sich um die Musik, ............ er viele CDs hat.
6. ............ einer Party muss man viele Dinge besorgen.
7. ............ die Kollegin ihr die Stadt zeigt, macht Jenny viele Fotos.
8. Ich bin schon sehr müde, ............ gehe ich noch zu der Feier.

**Übung 4**
**Ergänzen Sie *werden* in der richtigen Form.**

1. Ich *werde/wurde* von meiner Kollegin eingeladen.
2. Die Bänke ............ von meinem Freund aufgestellt.
3. Sind die Tische schon gedeckt ............ ?
4. Die Salate müssen noch von uns gewaschen und geschnitten ............ .
5. Ihr ............ von eurer Lehrerin fotografiert.
6. Wo ............ das Fleisch gekauft?
7. Von wem ............ die Nachbarn informiert?
8. Du bist von deinen Gästen beschenkt ............ .

# Die unregelmäßigen Verben

| Präsens | Perfekt |
|---|---|
| ich backe | ich habe gebacken |
| ich beginne | ich habe begonnen |
| ich biete | ich habe geboten |
| ich binde | ich habe gebunden |
| ich bitte | ich habe gebeten |
| ich blase | ich habe geblasen |
| ich bleibe | ich bin geblieben |
| ich brate | ich habe gebraten |
| ich breche | ich habe gebrochen |
| ich brenne | ich habe gebrannt |
| ich bringe | ich habe gebracht |
| ich denke | ich habe gedacht |
| ich empfehle | ich habe empfohlen |
| ich erschrecke | ich bin erschrocken |
| ich esse | ich habe gegessen |
| ich fahre | ich bin gefahren |
| ich falle | ich bin gefallen |
| ich fange | ich habe gefangen |
| ich finde | ich habe gefunden |
| ich fliege | ich bin geflogen |
| ich fließe | ich bin geflossen |
| ich friere | ich habe gefroren |
| ich gebe | ich habe gegeben |
| ich gehe | ich bin gegangen |
| ich genieße | ich habe genossen |
| ich gewinne | ich habe gewonnen |
| ich gieße | ich habe gegossen |
| ich halte | ich habe gehalten |
| ich heiße | ich habe geheißen |
| ich helfe | ich habe geholfen |
| ich kenne | ich habe gekannt |
| ich komme | ich bin gekommen |
| ich krieche | ich bin gekrochen |
| ich lache | ich habe gelacht |
| ich lasse | ich habe gelassen |
| ich laufe | ich bin gelaufen |
| ich leide | ich habe gelitten |
| ich lese | ich habe gelesen |
| ich liege | ich bin/habe gelegen |
| ich lüge | ich habe gelogen |
| ich messe | ich habe gemessen |
| ich nehme | ich habe genommen |
| ich rate | ich habe geraten |
| ich reite | ich bin/habe geritten |
| ich renne | ich bin gerannt |
| ich rieche | ich habe gerochen |
| ich rufe | ich habe gerufen |
| ich scheine | ich habe geschienen |
| ich schieße | ich habe geschossen |
| ich schlafe | ich habe geschlafen |
| ich schlage | ich habe geschlagen |
| ich schließe | ich habe geschlossen |
| ich schmelze | ich bin/habe geschmolzen |
| ich schneide | ich habe geschnitten |
| ich schreibe | ich habe geschrieben |
| ich schreie | ich habe geschrien |
| ich schweige | ich habe geschwiegen |
| ich schwimme | ich bin/habe geschwommen |
| ich sehe | ich habe gesehen |
| ich suche | ich habe gesucht |
| ich singe | ich habe gesungen |
| ich sitze | ich bin/habe gesessen |
| ich spreche | ich habe gesprochen |
| ich springe | ich bin gesprungen |
| ich stehe | ich bin/habe gestanden |
| ich stehle | ich habe gestohlen |
| ich steige | ich bin gestiegen |
| ich sterbe | ich bin gestorben |
| ich stoße | ich bin/habe gestoßen |
| ich streiche | ich habe gestrichen |
| ich streite | ich habe gestritten |
| ich trage | ich habe getragen |
| ich treffe | ich habe getroffen |
| ich trete | ich bin/habe getreten |
| ich trinke | ich habe getrunken |
| ich tue | ich habe getan |
| ich vergesse | ich habe vergessen |
| ich verliere | ich habe verloren |
| ich verzeihe | ich habe verziehen |
| ich wachse | ich bin gewachsen |
| ich werde | ich bin geworden |
| ich werfe | ich habe geworfen |
| ich wiege | ich habe gewogen |
| ich weiß | ich habe gewusst |
| ich ziehe | ich habe gezogen |

| SEIN | Präsens | Präteritum/Imperfekt | Perfekt |
|---|---|---|---|
| | ich bin | ich war | ich bin gewesen |
| | du bist | du warst | du bist gewesen |
| | er/sie/es ist | er/sie/es war | er/sie/es ist gewesen |
| | wir sind | wir waren | wir sind gewesen |
| | ihr seid | ihr wart | ihr seid gewesen |
| | Sie/sie sind | Sie/sie waren | Sie/sie sind gewesen |

| HABEN | Präsens | Präteritum/Imperfekt | Perfekt |
|---|---|---|---|
| | ich habe | ich hatte | ich habe gehabt |
| | du hast | du hattest | du hast gehabt |
| | er/sie/es hat | er/sie/es hatte | er/sie/es hat gehabt |
| | wir haben | wir hatten | wir haben gehabt |
| | ihr habt | ihr hattet | ihr habt gehabt |
| | Sie/sie haben | Sie/sie hatten | Sie/sie haben gehabt |

# Anhang

**Zeiten**

| | | | |
|---|---|---|---|
| haben | hat | hatte | hat gehabt |
| sein | ist | war | ist gewesen |
| werden | wird | wurde | ist geworden |
| | | | |
| arbeiten | arbeitet | arbeitete | hat gearbeitet |
| bauen | baut | baute | hat gebaut |
| bilden | bildet | bildete | hat gebildet |
| brauchen | braucht | brauchte | hat gebraucht |
| danken | dankt | dankte | hat gedankt |
| folgen | folgt | folgte | ist gefolgt |
| fragen | fragt | fragte | hat gefragt |
| fühlen | fühlt | fühlte | hat gefühlt |
| führen | führt | führte | hat geführt |
| glauben | glaubt | glaubte | hat geglaubt |
| hängen | hängt | hängte | hat gehängt |
| hören | hört | hörte | hat gehört |
| kochen | kocht | kochte | hat gekocht |
| leben | lebt | lebte | hat gelebt |
| legen | legt | legte | hat gelegt |
| lernen | lernt | lernte | hat gelernt |
| machen | macht | machte | hat gemacht |
| meinen | meint | meinte | hat gemeint |
| reden | redet | redete | hat geredet |
| reichen | reicht | reichte | hat gereicht |
| richten | richtet | richtete | hat gerichtet |
| sagen | sagt | sagte | hat gesagt |
| setzen | setzt | setzte | hat gesetzt |
| spielen | spielt | spielte | hat gespielt |
| stellen | stellt | stellte | hat gestellt |
| suchen | sucht | suchte | hat gesucht |
| warten | wartet | wartete | hat gewartet |
| wohnen | wohnt | wohnte | hat gewohnt |
| zählen | zählt | zählte | hat gezählt |
| zeigen | zeigt | zeigte | hat gezeigt |
| | | | |
| fotografieren | fotografiert | fotografierte | hat fotografiert |
| interessieren | interessiert | interessierte | hat interessiert |
| renovieren | renoviert | renovierte | hat renoviert |
| reparieren | repariert | reparierte | hat repariert |
| studieren | studiert | studierte | hat studiert |
| telefonieren | telefoniert | telefonierte | hat telefoniert |
| | | | |
| bieten | bietet | bot | hat geboten |

| | | | |
|---|---|---|---|
| binden | bindet | band | hat gebunden |
| bleiben | bleibt | blieb | ist geblieben |
| essen | isst | aß | hat gegessen |
| fahren | fährt | fuhr | ist gefahren |
| fallen | fällt | fiel | ist gefallen |
| fangen | fängt | fing | hat gefangen |
| finden | findet | fand | hat gefunden |
| geben | gibt | gab | hat gegeben |
| gehen | geht | ging | ist gegangen |
| gelten | gilt | galt | hat gegolten |
| gewinnen | gewinnt | gewann | hat gewonnen |
| gleichen | gleicht | glich | hat geglichen |
| greifen | greift | griff | hat gegriffen |
| hängen | hängt | hing | hat gehangen |
| halten | hält | hielt | hat gehalten |
| heißen | heißt | hieß | hat geheißen |
| helfen | hilft | half | hat geholfen |
| kommen | kommt | kam | ist gekommen |
| laufen | läuft | lief | ist gelaufen |
| lesen | liest | las | hat gelesen |
| liegen | liegt | lag | hat gelegen |
| nehmen | nimmt | nahm | hat genommen |
| rufen | ruft | rief | hat gerufen |
| schaffen | schafft | schuf | hat geschaffen |
| scheinen | scheint | schien | hat geschienen |
| schließen | schließt | schloss | hat geschlossen |
| schreiben | schreibt | schrieb | hat geschrieben |
| sehen | sieht | sah | hat gesehen |
| sitzen | sitzt | saß | hat gesessen |
| sprechen | spricht | sprach | hat gesprochen |
| stehen | steht | stand | hat gestanden |
| tragen | trägt | trug | hat getragen |
| treffen | trifft | traf | hat getroffen |
| trinken | trinkt | trank | hat getrunken |
| tun | tut | tat | hat getan |
| verlieren | verliert | verlor | hat verloren |
| waschen | wäscht | wusch | hat gewaschen |
| ziehen | zieht | zog | hat/ist gezogen |

| | | | |
|---|---|---|---|
| brennen | brennt | brannte | hat gebrannt |
| bringen | bringt | brachte | hat gebracht |
| denken | denkt | dachte | hat gedacht |
| kennen | kennt | kannte | hat gekannt |
| nennen | nennt | nannte | hat genannt |
| wissen | weiß | wusste | hat gewusst |

| | | | |
|---|---|---|---|
| dürfen | darf | durfte | hat gedurft/dürfen |
| können | kann | konnte | hat gekonnt/können |
| müssen | muss | musste | hat gemusst/müssen |
| sollen | soll | sollte | hat gesollt |
| wollen | will | wollte | hat gewollt/wollen |
| | möchte | | |
| mögen | mag | mochte | hat gemocht/mögen |
| lassen | lässt | ließ | hat gelassen/lassen |

**Präpositionen**

| Akkusativ | Dativ | Genitiv |
|---|---|---|
| bis, durch, für, gegen, ohne, um | ab, aus, bei, entgegen, gegenüber, mit, nach, seit, trotz, von, während, wegen, zu | anstatt, anstelle, aufgrund, entlang, infolge, statt, trotz, während, wegen |
| à, betreffend, je, kontra, per, pro | außer, binnen, dank, entsprechend, fern, gemäß, getreu, laut, mitsamt, nahe, nebst, samt, vis-à-vis, zufolge, zuliebe | abzüglich, angesichts, anhand, außerhalb, bezüglich, dank, einschließlich, exklusive, hinsichtlich, inklusive, innerhalb, laut, mangels, mithilfe, oberhalb, unterhalb, zuzüglich |

**Verben mit Präpositionen**

abhängen von + Dat.
achten auf + Akk.
anfangen mit + Dat.
ankommen auf + Akk.
sich ärgern über + Akk.
aufhören mit + Dat.
aufpassen auf + Akk.
sich bedanken für + Akk.
sich befassen mit + Dat.
beginnen mit + Dat.
sich bemühen um + Akk.
berichten über + Akk.
berichten von + Dat.
(sich) beschäftigen mit + Dat.
bestehen auf + Akk.

halten für + Akk.
halten von + Dat.
sich handeln um + Akk.
handeln von + Dat.
helfen bei + Dat.
(sich) informieren über + Akk.
sich interessieren für + Akk.
sich konzentrieren auf + Akk.
sich kümmern um + Akk.
kämpfen für/gegen + Akk.
leiden an/unter + Dat.
protestieren gegen + Akk.
raten zu + Dat.
gratulieren zu + Dat.
riechen nach + Dat.

bestehen aus + Dat.
sich bewerben bei + Dat.
sich bewerben für + Akk.
sich bewerben um + Akk.
sich beziehen auf + Akk.
danken für + Akk.
demonstrieren für/gegen + Akk.
denken an + Akk.
diskutieren mit + Dat.
diskutieren über + Akk.
duften nach + Dat.
einladen zu + Dat.
(sich) einrichten auf + Akk.
(sich) entscheiden für/gegen + Akk.
(sich) erhöhen (von) auf/um + Akk.
(sich) erinnern an + Akk.
erkennen an + Dat.
sich erkundigen nach + Dat.
erzählen von + Dat.
erzählen über + Akk.
sich freuen auf/über + Akk.
sich fürchten vor + Dat.
garantieren für + Akk.
gehen um + Akk.
gehören zu + Dat.
geraten in + Akk.
glauben an + Akk.
(sich) schützen gegen + Akk.
(sich) schützen vor + Dat.
sinken (von) auf/um + Akk.
(sich) sorgen für/um + Akk.
spielen gegen/um + Akk.
spielen mit + Dat.
sprechen mit/von + Dat.
sprechen über + Akk.
stammen aus/von + Dat.
steigen (von) auf/um + Akk.
steigern um + Akk.
streiten mit + Dat.
streiten über + Akk.
teilnehmen an + Dat.
träumen von + Dat.
sich unterhalten mit + Dat.
sich unterhalten über + Akk.
vergleichen mit + Dat.
sich verlassen auf + Akk.
sich verlieben in + Akk.
verstehen unter + Dat.
verzichten auf + Akk.
(sich) vorbereiten auf + Akk.
warnen vor + Dat.
warten auf + Akk.
zählen zu + Dat.
zweifeln an + Dat.

**Die Adjektivdeklination: Singular**

| | | | |
|---|---|---|---|
| **Nominativ** | der große Mann | die nette Frau | das kleine Kind |
| **Akkusativ** | den großen Mann | die nette Frau | das kleine Kind |
| **Dativ** | dem großen Mann | der netten Frau | dem kleinen Kind |
| **Genitiv** | des großen Mannes | der netten Frau | des kleinen Kindes |

genauso nach: dieser/diese/dieses, jener/jene/jenes, der-/die-/dasjenige, der-/die-/dasselbe, mancher/manche/manches, jeder/jede/jedes

| | | | |
|---|---|---|---|
| **Nominativ** | ein schöner Tag | eine lange Zeit | ein neues Auto |
| **Akkusativ** | einen schönen Tag | eine lange Zeit | ein neues Auto |
| **Dativ** | einem schönen Tag | einer langen Zeit | einem neuen Auto |
| **Genitiv** | eines schönen Tages | einer langen Zeit | eines neuen Autos |

genauso nach: kein/keine, mein/dein/..., manch + ein/eine, solch + ein/eine

| | | | |
|---|---|---|---|
| **Nominativ** | grüner Tee | heiße Suppe | frisches Brot |
| **Akkusativ** | grünen Tee | heiße Suppe | frisches Brot |
| **Dativ** | grünem Tee | heißer Suppe | frischem Brot |
| **Genitiv** | grünen Tees | heißer Suppe | frischen Brotes |

genauso nach: etwas, mehr, viel, wenig, manch, solch

**Die Adjektiv-deklination: Plural**

| | | | |
|---|---|---|---|
| **Nominativ** | die großen Männer | die netten Frauen | die kleinen Kinder |
| **Akkusativ** | die großen Männer | die netten Frauen | die kleinen Kinder |
| **Dativ** | den großen Männern | den netten Frauen | den kleinen Kindern |
| **Genitiv** | der großen Männer | der netten Frauen | der kleinen Kinder |

genauso nach: alle, keine, meine/deine..., manche, solche

| | | | |
|---|---|---|---|
| **Nominativ** | grüne Hüte | rote Blusen | weiße Hemden |
| **Akkusativ** | grüne Hüte | rote Blusen | weiße Hemden |
| **Dativ** | grünen Hüten | roten Blusen | weißen Hemden |
| **Genitiv** | grüner Hüte | roter Blusen | weißer Hemden |

Genauso nach: andere, einige, viele, wenige, mehrere, einzelne, folgende, verschiedene

**Indirekte Rede: Gegenwartsformen / Konjunktiv I**

Schwaches Verb: ***machen***

| **Indikativ Präsens** | **Konjunktiv I Präsens** | **Konjunktiv II als Ersatzform** | **Konjunktiv II Umschreibung *würde* + Infinitiv** |
|---|---|---|---|
| ich mache | (ich mache) | ich machte | ich würde machen |
| du machst | | | |
| er/sie/es macht | er/sie/es mache | | |
| wir machen | (wir machen) | wir machten | wir würden machen |
| ihr macht | | | |
| sie machen | (sie machen) | sie machten | sie würden machen |
| Sie machen | (Sie machen) | Sie machten | Sie würden machen |

Schwaches Verb: ***arbeiten***

| **Indikativ Präsens** | **Konjunktiv I Präsens** | **Konjunktiv II als Ersatzform** | **Konjunktiv II Umschreibung *würde* + Infinitiv** |
|---|---|---|---|
| ich arbeite | (ich arbeite) | ich arbeitete | ich würde arbeiten |
| du arbeitest | (du arbeitest) | du arbeitetest | du würdest arbeiten |

| er/sie/es arbeitet | er/sie/es arbeite | | |
|---|---|---|---|
| wir arbeiten | (wir arbeiten) | wir arbeiteten | wir würden arbeiten |
| ihr arbeitet | (ihr arbeitet) | ihr arbeitetet | ihr würdet arbeiten |
| sie arbeiten | (sie arbeiten) | sie arbeiteten | sie würden arbeiten |
| Sie arbeiten | (Sie arbeiten) | Sie arbeiteten | Sie würden arbeiten |

Starkes Verb: ***kommen***

| **Indikativ Präsens** | **Konjunktiv I Präsens** | **Konjunktiv II als Ersatzform** | **Konjunktiv II Umschreibung *würde* + Infinitiv** |
|---|---|---|---|
| ich komme | (ich komme) | ich käme | ich würde kommen |
| du kommst | du kommest | | |
| er/sie/es kommt | er/sie/es komme | | |
| wir kommen | (wir kommen) | wir kämen | wir würden kommen |
| ihr kommt | ihr kommet | | |
| sie kommen | (sie kommen) | sie kämen | sie würden kommen |
| Sie kommen | (Sie kommen) | Sie kämen | Sie würden kommen |

Modalverb: ***müssen***

| **Indikativ Präsens** | **Konjunktiv I Präsens** | **Konjunktiv II als Ersatzform** | **Konjunktiv II Umschreibung *würde* + Infinitiv** |
|---|---|---|---|
| ich muss | ich müsse | | |
| du musst | du müssest | | |
| er/sie/es muss | er/sie/es müsse | | |
| wir müssen | (wir müssen) | wir müssten | |
| ihr müsst | ihr müsset | | |
| sie müssen | (sie müssen) | sie müssten | |
| Sie müssen | (Sie müssen) | Sie müssten | |

Hilfsverb: ***haben***

| **Indikativ Präsens** | **Konjunktiv I Präsens** | **Konjunktiv II als Ersatzform** | **Konjunktiv II Umschreibung *würde* + Infinitiv** |
|---|---|---|---|
| ich habe | (ich habe) | ich hätte | |
| du hast | du habest | | |
| er/sie/es hat | er/sie/es habe | | |
| wir haben | (wir haben) | wir hätten | |
| ihr habt | ihr habet | | |
| sie haben | (sie haben) | sie hätten | |
| Sie haben | (Sie haben) | Sie hätten | |

Hilfsverb: ***sein***

| **Indikativ Präsens** | **Konjunktiv I Präsens** | **Konjunktiv II als Ersatzform** | **Konjunktiv II Umschreibung *würde* + Infinitiv** |
|---|---|---|---|
| ich bin | ich sei | | |
| du bist | du seist | | |
| er/sie/es ist | er/sie/es sei | | |
| wir sind | wir seien | | |
| ihr seid | ihr seiet | | |
| sie sind | sie seien | | |
| Sie sind | Sie seien | | |

| **Indikativ Präsens Passiv** | **Konjunktiv I Präsens Passiv** |
|---|---|
| er wird gefragt | er werde gefragt |
| er muss gefragt werden | er müsse gefragt werden |

**Indirekte Rede: Vergangenheitsformen / Konjunktiv I**

| **Indikativ** | **Konjunktiv I** | **Konjunktiv II** |
|---|---|---|
| ich sah | | |
| du sahst | | |
| er sah | | |
| wir sahen | | |
| ihr saht | | |
| sie sahen | | |
| Sie sahen | | |

| | | |
|---|---|---|
| ich habe gesehen | (ich habe gesehen) | ich hätte gesehen |
| du hast gesehen | du habest gesehen | |
| er hat gesehen | er habe gesehen | |
| wir haben gesehen | (wir haben gesehen) | wir hätten gesehen |
| ihr habt gesehen | ihr habet gesehen | |
| sie haben gesehen | (sie haben gesehen) | sie hätten gesehen |
| Sie haben gesehen | (Sie haben gesehen) | Sie hätten gesehen |

| | | |
|---|---|---|
| ich hatte gesehen | | |
| du hattest gesehen | | |
| er hatte gesehen | | |
| wir hatten gesehen | | |
| ihr hattet gesehen | | |
| sie hatten gesehen | | |
| Sie hatten gesehen | | |

| | | |
|---|---|---|
| ich ging | | |
| du gingst | | |
| er ging | | |
| wir gingen | | |
| ihr gingt | | |
| sie gingen | | |
| Sie gingen | | |

| | | |
|---|---|---|
| ich bin gegangen | ich sei gegangen | |
| du bist gegangen | du seist gegangen | |
| er ist gegangen | er sei gegangen | |
| wir sind gegangen | wir seien gegangen | |
| ihr seid gegangen | ihr seiet gegangen | |
| sie sind gegangen | sie seien gegangen | |
| Sie sind gegangen | Sie seien gegangen | |

| | | |
|---|---|---|
| ich war gegangen | | |
| du warst gegangen | | |
| er war gegangen | | |
| wir waren gegangen | | |
| ihr wart gegangen | | |
| sie waren gegangen | | |
| Sie waren gegangen | | |

**Modalverben**

| Indikativ/Modalverb | Konjunktiv I / Modalverb | Konjunktiv II |
|---|---|---|
| er musste lernen | | |
| er hat lernen müssen | er habe lernen müssen | |
| er hatte lernen müssen | | |

**Passiv**

| Indikativ/Passiv | Konjunktiv I / Passiv | Konjunktiv II |
|---|---|---|
| er wurde gefragt | | |
| er ist gefragt worden | er sei gefragt worden | |
| er war gefragt worden | | |

| Indikativ/Passiv/Modalverb | Konjunktiv/Passiv/Modalverb |
|---|---|
| er musste gefragt werden | |
| er hat gefragt werden müssen | er habe gefragt werden müssen |
| | |
| er hatte gefragt werden müssen | |

**Indirekte Rede: Futurformen / Konjunktiv I**

| Indikativ/Futur | Konjunktiv I / Futur | Konjunktiv II |
|---|---|---|
| ich werde fliegen | (ich werde fliegen) | ich würde fliegen |
| du wirst fliegen | du werdest fliegen | |
| er wird fliegen | er werde fliegen | |
| wir werden fliegen | (wir werden fliegen) | wir würden fliegen |
| ihr werdet fliegen | ihr werdet fliegen | ihr würdet fliegen |
| sie werden fliegen | (sie werden fliegen) | sie würden fliegen |
| Sie werden fliegen | (Sie werden fliegen) | Sie würden fliegen |

| Indikativ/Futur/ Modalverb | Konjunktiv I / Futur / Modalverb | |
|---|---|---|
| er wird abholen müssen | er werde abholen müssen | |

**Verbenzeiten Aktiv und Passiv**

| | **Aktiv** | | | |
|---|---|---|---|---|
| **Präsens** | Der Vater | füttert | das Kind. | |
| **Imperfekt/Präteritum** | Der Vater | fütterte | das Kind. | |
| **Perfekt** | Der Vater | hat | das Kind | gefüttert. |
| **Plusquamperfekt** | Der Vater | hatte | das Kind | gefüttert. |
| **Futur** | Der Vater | wird | das Kind | füttern. |
| **Präsens mit Modalverb** | Der Vater | muss | das Kind | füttern. |
| **Imperfekt/Präteritum mit Modalverb** | Der Vater | musste | das Kind | füttern. |
| **Perfekt mit Modalverb** | Der Vater | hat | das Kind | füttern müssen. |
| **Plusquamperfekt mit Modalverb** | Der Vater | hatte | das Kind | füttern müssen. |
| **Futur mit Modalverb** | Der Vater | wird | das Kind | füttern müssen. |
| | **Subjekt** | | **Akkusativobjekt** | |

| | **Passiv =** | ***werden*** | **+ Partizip II** | | | |
|---|---|---|---|---|---|---|
| **Präsens** | Das Kind | wird | vom Vater | gefüttert. | | |
| **Imperfekt/Präteritum** | Das Kind | wurde | vom Vater | gefüttert. | | |
| **Perfekt** | Das Kind | ist | vom Vater | gefüttert | worden. | |
| **Plusquamperfekt** | Das Kind | war | vom Vater | gefüttert | worden. | |
| **Futur** | Das Kind | wird | vom Vater | gefüttert | werden. | |
| **Präsens mit Modalverb** | Das Kind | muss | vom Vater | gefüttert | werden. | |
| **Imperfekt/Präteritum mit Modalverb** | Das Kind | musste | vom Vater | gefüttert | werden. | |
| **Perfekt mit Modalverb** | Das Kind | hat | vom Vater | gefüttert | werden | müssen. |
| **Plusquamperfekt mit Modalverb** | Das Kind | hatte | vom Vater | gefüttert | werden | müssen. |
| **Futur mit Modalverb** | Das Kind | wird | vom Vater | gefüttert | werden | müssen. |
| | **Subjekt** | | | | | |

# Hörtexte

## Lektion 16

### Übung 5 (Track 01)

**Hören Sie gut zu. Richtig oder falsch?**

1. Darüber brauche ich gar nicht nachzudenken – klar würde ich gerne auch mal auf die Malediven reisen. Aber kannst du mir erklären, wie ich das machen soll? Ich meine, wenn ich so reich wäre wie du seit deinem Lottogewinn, könnte ich mir das auch alles leisten, aber so ...

2. Nein, ich denke nicht, dass ich nicht mehr arbeiten würde, wenn ich auf einmal viel Geld hätte. Vielleicht würde ich nicht mehr so viel arbeiten, oder ich würde meinen Job kündigen und mich selbstständig machen. Aber komplett aufhören ... nein, ich würde es ohne Arbeit nicht aushalten.

3. Was ich anders machen würde, wenn ich wieder zwanzig wäre? Einfach alles! Als Erstes würde ich die ganze Welt bereisen. Dann würde ich meine große Liebe heiraten, und wahrscheinlich hätte ich Kinder und wäre nicht so allein, wie ich es jetzt bin. Und sicherlich wäre ich auch eine ganz erfolgreiche Pianistin. Das Talent dazu hatte ich ja immer schon.

4. Was ich an deiner Stelle tun würde? Ich weiß nicht so genau. Wahrscheinlich würde ich den neuen Wagen erst mal Probe fahren. Dann würde ich den Preis noch mal genau verhandeln, und erst danach würde ich entscheiden, ob ich ihn kaufe oder nicht.

5. Wer hätte denn nicht gerne so ein schönes Haus? Ich denke, jeder normale Mensch wünscht sich so etwas. Einige sagen ja, es sei ihnen nicht so wichtig, aber wenn sie es geschenkt bekommen würden ... ich kann mir nicht vorstellen, dass da jemand Nein sagen würde.

6. Was ich tun würde, wenn ich ein Superstar wäre? Vermutlich würde ich den ganzen Tag mit meinen Freundinnen am Pool liegen und mich sonnen. Hin und wieder würde ich mit ihnen zum Einkaufen nach Paris fliegen, und natürlich regelmäßig nach New York, um das Nachtleben zu genießen. Wann ich da noch Zeit zum Arbeiten hätte? Na, als Superstar würde ich ja nicht mehr viel arbeiten müssen.

### Übung 6 (Track 02)

**Hören Sie gut zu und entscheiden Sie.**

Jaja, wenn das Wörtchen „wenn" nicht wär! Jedes Mal, wenn ich etwas nicht sofort machen kann, muss ich mir diesen Satz anhören. Ich würde ja das Auto gerne in die Werkstatt bringen, und klar würde ich auch den Keller gerne aufräumen, aber ich habe nun mal nicht immer gerade dann Zeit, wenn es meine Frau wünscht. Am schlimmsten ist für mich, wenn ich zum Einkaufen mitgehen muss. Ich hasse einkaufen – dieses ewige Suchen, Vergleichen, Überlegen, ob wir's wirklich brauchen. Und meine Frau tut immer so, als könnte sie das ohne mich nicht erledigen. Dabei geht sie gerne shoppen, und ich nicht. Natürlich will sie das immer ausgerechnet dann tun, wenn ich schon etwas anderes vorhabe. Letzten Samstag zum Beispiel: Ich hatte mit meinem Freund ausgemacht, das Länderspiel anzuschauen, und hatte mich auf einen gemütlichen Nachmittag vor dem Fernseher eingestellt. Da kam sie und fragte: „Rüdiger, würde es dir was ausmachen, die bestellten Sachen in der Apotheke für mich abzuholen? Und wärst du bitte so lieb und holst auf dem Heimweg die Eier bei der Bäuerin ab? Dann kann ich uns nachher ein ganz leckeres Abendessen zaubern, ja?" Nun, was soll ich sagen? Natürlich war ich so nett und habe das alles erledigt.

## Lektion 17

### Übung 6 (Track 03)

**Hören Sie gut zu. Richtig oder falsch?**

Eigentlich mache ich das alles nur meiner Frau zuliebe, denn sie ist überzeugt, dass wir damit etwas für unsere Gesundheit tun. Tatsächlich habe ich mich vor einiger Zeit wirklich schlapp und müde gefühlt. Ich hatte Kopfschmerzen und Probleme, mich auf meine Arbeit zu konzentrieren. Meine Frau schleppte mich zu einem Psychologen, der meinte, ich solle etwas Ausgleichssport machen oder meditieren. Natürlich sagte er auch, weniger arbeiten wäre gut. Aber wie soll ich das als Firmenchef denn machen? Meine Frau erstellte sofort einen Aktionsplan für mich und buchte eine Ayurveda-Therapie in einem Gesundheitstempel. Ich habe immer noch den Geruch der exotischen Aromen und Öle in der Nase, aber die Massagen waren wirklich super. Für das nächste Wochenende hat sie uns zum Yoga angemeldet. Ich bin kein Yogatyp, aber ich habe nicht die leiseste Idee, wie ich meiner Frau erklären soll, dass ich da nicht hinwill und mit diesen Dingen nur wenig anfangen kann. Ich gehe einfach zum Arzt, wenn mir etwas wehtut. Ich glaube nicht, dass durch Teetrinken und Meditation alles wieder gut wird. Meine Frau mit ihrem Gesundheitsplan macht mir zurzeit mehr Stress als meine Arbeit.

## Lektion 18

### Übung 5 (Track 05)

**Hören Sie gut zu und korrigieren Sie die Aussagen.**

1. John, weißt du, wie viele Bundesländer Deutschland hat?
   Oh, das sind viele. Mindestens zwanzig.

2. Deutschland war während des Kalten Krieges vierzig Jahre lang geteilt. Aber seit dem Herbst 1989 ist das Land wiedervereinigt.

3. Hallo Jürgen, wie geht's dir?
   Hallo Max! Prima, ich bin gerade in Elternzeit und kümmere mich um unsere kleine Tochter.
   Das ist ja klasse, dann bekommst du also im Moment Pflegegeld?

4. Bayern ist das größte Bundesland und hat auch die höchste Bevölkerungsdichte. Berlin ist das kleinste Bundesland.

5. Der Bundeskanzler ist Deutschlands Staatsoberhaupt. Er ist die höchste Person im Staat, noch höher als der Bundespräsident.

6. Wenn ich in Deutschland leben würde, dürfte ich mehr bestimmen als mein Mann. Denn in Deutschland haben Frauen mehr Rechte als Männer.

7. Gestern haben wir die Bewilligung für unseren Wohngeldantrag bekommen. Jetzt müssen wir doch nicht ausziehen.
   Warum bekommst du Wohngeld? Du hast doch eine Arbeit. Wohngeld bekommen nur Arbeitslose und Sozialhilfeempfänger.

### Übung 6 (Track 06)

**Hören Sie gut zu. Richtig oder falsch?**

Also, ich finde das sehr gut, dass in Deutschland jeder sozialversichert ist: Wenn es einem schlecht geht, hilft einem der Staat. So sind alle für einen da. Natürlich sind die Steuern hoch. Aber davon hat man ja auch etwas. Außerdem müssen die, die nicht so gut verdienen, auch nicht so viele Abgaben leisten. Mein Sohn Chen geht jetzt hier in Hamburg in die dritte Klasse, und es gefällt ihm sehr gut. Er hat auch schon einige Freundschaften geschlossen. In meinem Land hat man als Frau leider nicht so viele Chancen. Wenn sich ein Mann und eine Frau um einen Arbeitsplatz bewerben, bekommt immer der Mann die Stelle. Deswegen bin ich auch nach Europa gekommen. Ich will als Architektin arbeiten, mir irgendwann eine kleine Wohnung leisten und eines Tages auch die deutsche Staatsbürgerschaft annehmen. Dann kann ich auch wählen gehen. Das ist mir sehr wichtig.

## Lektion 19

### Übung 7 (Track 07)

**Hören Sie gut zu. Richtig oder falsch?**

Reiseagentur Bon Voyage, Sybille Roth am Apparat. Was kann ich für Sie tun?
Guten Tag! Meier hier, ich habe schon mal angerufen.

Es geht um den Urlaub, den ich mit meiner Familie vor zwei Monaten am Mittelmeer verbracht habe. Es gab da einige Probleme, wie Sie ja bereits wissen.
Handelt es sich um eine Beschwerde?
Natürlich! Ich habe Ihnen die Beweisfotos und alle Quittungen doch schon vor vier Wochen zugeschickt. Bis jetzt habe ich von Ihnen aber noch keine Antwort bekommen.
Moment bitte, ich verbinde Sie mit unserem Agenturchef ...
Frau Meier, Peter Schmitt mein Name, wie kann ich Ihnen helfen?
Ich würde gerne wissen, ob und wie Sie auf meine Beschwerde reagieren werden. Die Unterlagen haben Sie schon vor vier Wochen erhalten.
Leider war ich drei Wochen im Urlaub und konnte mich daher erst vor ein paar Tagen mit Ihrem Problem beschäftigen.
Soll das etwa heißen, dass Sie noch gar nicht wissen, ob ich überhaupt etwas von meinem Geld für diesen Horror-Urlaub zurückbekomme?
Ich bitte Sie, noch ein bisschen Geduld zu haben. Ich habe Ihre Unterlagen an unsere Zentrale nach Bremen weitergeleitet. Sie werden in den nächsten zwei Wochen von uns hören.

## Lektion 20

### Übung 6 (Track 09)

**Hören Sie gut zu und ergänzen Sie.**
Guten Abend, Herr Petrov, vielen Dank, dass Sie mich empfangen und mir Ihre kostbare Zeit schenken.
Guten Abend. Sehr gern, herzlich willkommen in meinem bescheidenen Heim!
Nun ja, unter „bescheiden" verstehe ich etwas anderes. Ihr Haus ist wunderschön. Sind Sie auch in solchen Verhältnissen aufgewachsen?
Oh nein! Wissen Sie, in Georgien, wo ich aufgewachsen bin, hatte zwar fast jeder ein eigenes Haus, aber die Häuser waren sehr einfach – die finanziellen Mittel waren sehr begrenzt.
Ich verstehe. Wie alt waren Sie denn, als Sie nach Deutschland umsiedelten?
Ich kam im Alter von dreizehn Jahren mit meiner Familie hierher, gerade noch früh genug, um eine musikalische Laufbahn einschlagen zu können.
Darauf komme ich später noch einmal im Detail zurück. Erlauben Sie mir vorher bitte noch ein paar Fragen zu Ihrem Leben in einer neuen Kultur. Schließlich ist das das Thema, über das wir in unserer neuen Ausgabe berichten. Erzählen Sie mal: Wie war das denn damals alles? Woran erinnern Sie sich, und was ist Ihnen als besonders schön, was als besonders unangenehm in Erinnerung geblieben?
Nun, wie bereits erwähnt, war ich dreizehn Jahre alt. Meine Eltern sind mit mir und meiner Schwester hierher ausgereist, um die Familie zusammenzuführen. Wir haben ja deutsche Vorfahren, und somit lebte bereits der größte Teil der Familie hier. Anfangs war das alles schon etwas schwierig. Ich sprach zwar Deutsch, aber natürlich nicht so wie die anderen Jugendlichen. Dann konnten wir uns auch nicht so kleiden wie sie, und es war auch nicht ganz einfach, in der Schule zurechtzukommen.
War der Unterricht schwerer als in Georgien?
Schwerer nicht unbedingt, aber anders. Und natürlich ist es nicht ganz einfach, in einer neuen Klasse akzeptiert zu werden. Aber nachdem die Mitschüler mich kennengelernt hatten, war ich dann doch schnell einer von ihnen.
Und da begann auch gleich Ihre musikalische Karriere?
Ja, meinem Musiklehrer fiel mein Talent gleich zu Beginn auf, und er begann, mich privat zu unterrichten und zu fördern. Meine Eltern hatten natürlich kein Geld dafür, aber mein Lehrer war so von mir überzeugt, dass er das alles ganz ohne Bezahlung tat.
Soll das heißen, dass Sie ohne diesen Lehrer heute nicht so erfolgreich wären?
Ganz bestimmt sogar. Eigentlich habe ich ihm alles zu verdanken. Ich bin ihm auch bis heute sehr dankbar dafür. Und auch meinen Eltern, dass sie mit mir nach Deutschland gekommen sind, sonst wäre mein Leben in ganz anderen Bahnen verlaufen.
Ja, da haben wir aber mal alle Glück gehabt. Sonst wäre uns ja ein wunderbarer Künstler, der Sie zweifelsohne sind, verloren gegangen. Vielen Dank für Ihre Zeit und viel Erfolg weiterhin!
Vielen Dank für Ihren Besuch!

## Lektion 21

### Übung 4 (Track 10)

**Hören Sie gut zu. Richtig oder falsch?**

Guten Tag! Was kann ich für Sie tun?
Guten Tag! Ich habe erst letzte Woche dieses Bügeleisen bei Ihnen gekauft.
Ja?
Jetzt ist es schon hin. Nach zweimal bügeln! Das kann doch wohl nicht sein. Ich bügle gerade das Sakko meines Mannes, da fängt das Ding an zu qualmen und zu stinken.
Verstehe! Vielleicht liegt ja ein Bedienungsfehler vor. Haben Sie denn vorher die Bedienungsanleitung durchgelesen?
Na, hören Sie mal! Glauben Sie, bei einem Gerät für 250 Euro lese ich mir nicht alles gründlich durch? Das wird ja immer schöner!
Möchten Sie ein Ersatzgerät oder lieber Ihr Geld zurück?
Und wie ich das möchte!
Äh ... was nun?
Das Geld zurück, natürlich!
Mhm. Haben Sie denn den Kassenbeleg dabei?

### Übung 5 (Track 11)

**Hören Sie gut zu und beantworten Sie die Fragen.**

Du, Roland: Anke und Lutz haben gerade gemailt. Sie sind auf der Durchreise in die Berge und wollen ein paar Tage bei uns bleiben. Am Freitagabend würden sie zu uns kommen und bis Montag oder Dienstag bleiben.
Ja, super! Sie haben ja schon lange versprochen, dass sie uns mal im Sommer besuchen. Dann können wir endlich unsere Bootstour auf dem Kanal machen.
Mensch, das ist es: Wir fahren Kanu und ... ach nein, warte mal, das geht doch nicht: Anke hat immer noch ihre Rückenschmerzen. Bootfahren ist bestimmt zu anstrengend für sie.
Okay, dann fahren wir einfach an den See und grillen dort ein bisschen. Lutz mag doch deinen Kartoffelsalat so gerne.
Aber am Wochenende ist da doch so viel los.
Macht nichts! Wenn sie bis Dienstag bleiben, verbringen wir einfach den ganzen Montag am See. Wir schwimmen, quatschen und entspannen uns.
Und am Abend grillen wir schön. Genauso machen wir es.

## Lektion 22

### Übung 4 (Track 12)

**Hören Sie gut zu und schreiben Sie mit.**

Das schönste Fest des Jahres ist unser Sommerfest. Wir feiern es immer am längsten Tag des Jahres. Neben unserer Straße liegt eine große Wiese. Dort zünden wir ein großes Feuer an, dann essen und trinken wir etwas und feiern ausgelassen. Die Kinder dürfen länger aufbleiben. Sie haben immer großen Spaß. Sie sagen Verse auf oder lesen kurze Texte vor. Das genießen sie natürlich genauso wie das lange Aufbleiben. Dass das auch dieses Jahr wieder sensationell wird, ist sicher!

### Übung 5 (Track 13)

**Hören Sie gut zu. Richtig oder falsch?**

1. Wie oft hatte ich schon Probleme mit „o" und „ö"! Das macht mich ganz verrückt: „ich könnte", „ich konnte", „schon", „schön", „Tochter", „Töchter" – das ist für mich sehr schwer zu unterscheiden.

2. Langsam, sage ich immer, langsam! Mein Deutsch ist schon so gut, dass ich fast alles verstehe. Aber die meisten Leute müssen ja so schnell sprechen, als ob die Polizei hinter ihnen her wäre. Wenn ich dann frage, ob sie etwas langsamer sprechen können, fangen sie mit Englisch an – aber das kann ich überhaupt nicht!

3. „freitags" schreibt man klein, weil das ein Adverb ist, und „der Freitag" schreibt man groß, weil das ein Substantiv ist. Wo soll da das Problem sein? Für mich ist das logisch.

4. Gott sei Dank gehen meine Kinder hier in Luzern zur Schule. Wenn sie in Deutschland die Schule besuchen würden, müssten sie das Eszett, das sogenannte scharfe S, lernen. Ich persönlich halte das ja für völlig veraltet. Ich bin froh, dass es das in der Schweiz nicht gibt.

5. Nun ja, was soll ich sagen? Italienisch ist meine Muttersprache und bleibt für mich immer die musikalischste Sprache der Welt. Aber haben Sie

schon einmal ein Gedicht von Eichendorff gelesen? Es stimmt gar nicht, dass das Deutsche hart und aggressiv klingt. Für mich ist es eine sehr schöne, poetische Sprache.

6. Buenos dias! Ich mache jetzt einen Spanischkurs bei inlingua. Das macht Spaß! Ich mag das Land, die Leute und diese wunderschöne Sprache. Für mich ist es die schönste Sprache der Welt!

7. Neulich war ich in Flensburg. Ich wollte ein Brötchen kaufen und die Verkäuferin fragte: „Meinen Sie 'n Rundstück?" Also, das ist schon schwer mit den Dialekten. In Bayern oder Baden-Württemberg verstehe ich ja überhaupt nichts – und ich bin Deutscher!

8. In meiner Ausbildung zur Dolmetscherin muss mein Englisch natürlich perfekt sein. Ich trainiere das am Computer. Da habe ich ein tolles Sprachprogramm, das nicht nur meine grammatikalischen Fehler, sondern auch meine Aussprache verbessert.

9. Ich habe nicht so viel Zeit und, ehrlich gesagt, auch nicht so viel Lust, Vokabeln zu lernen. Deshalb lese ich viel auf Deutsch. Ich bin oft mit dem Zug unterwegs. Da habe ich dann Zeitungen, Zeitschriften oder auch Romane bei mir.

10. Ich mag nicht mehr! Alte Rechtschreibung, neue Rechtschreibung! Gestern so und heute anders! Ich gebe Ihnen ein Beispiel: Früher war „Du" im Brief immer groß, dann schrieb man es auf einmal klein, und jetzt darf man beides. Wissen Sie, was ich jetzt mache? Ich schreibe von nun an einfach alles klein, auch die Substantive und die Namen. Das ist jetzt meine eigene Rechtschreibung! So!

## Lektion 23

### Übung 3 (Track 15)

**Hören Sie gut zu. Richtig oder falsch?**

1. Was ich von dem neuen Kollegen halte? Nun, er scheint ganz nett zu sein. Ich hatte noch nicht viel Kontakt zu ihm, weil er an einem ganz anderen Projekt arbeitet. Einmal habe ich in der Pause mit ihm einen Kaffee getrunken und mich hervorragend unterhalten. Ich finde, dass er ziemlich gut Bescheid weiß, und ich hoffe, dass ich mal mit ihm zusammenarbeiten kann.

2. Ich finde ihn ziemlich süß. Ich meine natürlich, dass er ganz gut aussieht. Ob er seine Arbeit gut macht, weiß ich nicht, und es interessiert mich, ehrlich gesagt, auch nicht besonders. Es gibt nicht viele gut aussehende Männer hier. Mal sehen, vielleicht habe ich bei der nächsten Betriebsfeier die Chance, mit ihm zu tanzen.

3. Obwohl er sehr kompetent ist, war die Zusammenarbeit am Anfang etwas schwierig, weil er nicht an unsere Arbeitsweise gewöhnt war. Inzwischen sind wir ein super Team und verstehen uns ohne Worte. Ich denke, wir werden zusammen sehr erfolgreich sein.

4. Also, ich weiß gar nicht, wen Sie meinen. Ich habe hier in der Firma noch keinen neuen Kollegen gesehen. Vielleicht liegt es auch daran, dass ich drüben in der Logistik arbeite. Aber jetzt bin ich neugierig geworden und werde den Neuen mal abchecken.

5. Völlig überschätzt, dieser neue Kollege. Konkurrenz, ha, dass ich nicht lache! Der macht doch auch nichts anderes als ich. Alle sagen, er wäre so kompetent, aber ich bin definitiv besser als er. Der Neue macht mich nicht nervös, aber ich denke, ich werde mich von jetzt an noch ein bisschen mehr anstrengen und vielleicht noch ein paar Überstunden machen. Wäre ja gelacht! Ich bin die Nummer eins!

### Übung 5 (Track 16)

**Hören Sie gut zu und beantworten Sie die Fragen.**

Herr Müller, Sie sind Betriebsrat in dieser Firma. Was ist für Sie das ideale Betriebsklima?
Ein ideales Betriebsklima herrscht dann, wenn sich alle Mitarbeiter wohlfühlen und mit ihrem Arbeitsplatz zufrieden sind.
Das klingt sehr einfach.
Nicht wirklich. Wenn es so einfach wäre, hätten wir schon das ideale Betriebsklima. Es genügt natürlich nicht, große Weihnachtsfeiern und Sommerfeste für die Belegschaft zu organisieren.
Wie schafft man also ein gutes Betriebsklima?
Man muss Vertrauen unter den Mitarbeitern schaffen. Das gilt nicht nur innerhalb der Abteilung, sondern auch zwischen allen Abteilungen und ganz besonders zwischen der Produktion und dem Management.
Wie machen Sie das in Ihrem Unternehmen?
Wir setzen auf positives Feedback und interne Transparenz. Das bedeutet erstens, dass wir unsere Mitarbeiter nicht nur kritisieren, sondern auch loben, wenn sie sehr gut arbeiten. Das steigert die Motivation. Zweitens gibt es eine offene Kommunikation und einen Informationsaustausch zwischen den Büros und der Fertigung. Natürlich klappt es nicht immer, aber ich denke, wir sind auf einem guten Weg.
Herr Müller, vielen Dank für dieses Interview.

## Lektion 24

### Übung 2 (Track 17)

**Hören Sie gut zu und ergänzen Sie.**

1. Ich finde es sehr schade, dass Thomas Gottschalk die Sendung *Wetten, dass..?* nicht mehr moderiert.
   Ja, das war immer eine tolle Mischung aus Spannung und Unterhaltung: die ganzen Weltstars, Sänger und Schauspieler, die zu Gast waren – und dazwischen immer seine lustigen Sprüche.
   Na ja, er wird bestimmt noch viele andere Sendungen moderieren. Er ist einfach einer der besten Unterhalter, die wir im deutschen Fernsehen haben.

2. Was ist denn das für Musik?
   Du weißt gar nicht, was das ist? Das ist doch Tokio Hotel.
   Aha, die habe ich noch nie gehört. Ist das hier ihre erste CD?
   Nein, das ist die dritte. Die erste erschien 2005.

3. Wir waren gestern bei einem Konzert der österreichischen Hip-Hop-Band Schönheitsfehler. Kennst du die?
   Ja, natürlich. Ich habe auch zwei CDs von ihnen zu Hause. Ich finde die super!
   Na, ich bin ja mehr der Klassik- und Jazzliebhaber, aber Andrea wollte unbedingt hin.
   Da siehst du, wie verschieden die Geschmäcker sein können. Mir ist Jazz und Klassik viel zu langweilig. Sag Andrea, sie soll mich beim nächsten Mal mitnehmen.

4. Jetzt mach schon, zieh die nächste Karte! Ich muss nur noch eine Frage richtig beantworten, dann habe ich gewonnen.
   Schon gut, hier kommt deine Frage: Bereich Sport ...
   Oh nein, ausgerechnet Sport!
   Also: Wie viele olympische Goldmedaillen hat Simon Ammann in seiner Karriere gewonnen?
   Hm, ... also zwei weiß ich sicher, das war 2002 und 2010, aber was war 2006? Damals haben wir doch unsere Thailandreise gemacht und haben nicht Olympia geguckt.
   Okay, ich helfe dir. 2006 hat er nichts gewonnen.
   Na, dann lautet die richtige Antwort zwei.
   Falsch, denn er hat 2002 und 2010 jeweils zweimal Gold gewonnen.

5. Hast du am Samstag schon etwas vor? Josef Hader kommt mit seinem neuen Programm in die Stadthalle, und ich habe noch eine Karte übrig.
   Oh ja, gerne. Eigentlich wollte ich in den Klub, aber das ist natürlich besser. Ich liebe seinen Humor.
   Ja, er macht sich wirklich über alles und jeden lustig. Aber ich mag auch seine Filme, vor allem die, wo er den Detektiv spielt. Ich habe sogar die DVDs zu Hause.
   Echt? Die musst du mir unbedingt mal ausleihen!

6. Das war gestern Abend vielleicht beeindruckend, hast du das auch gesehen? Diese Sendung über Menschen mit besonderen Fähigkeiten?
   Nein, wann kam das?
   Im Zweiten, um Viertel nach acht. Da war einer, ich glaube, sein Name war Thorsten Havener, der hat den Leuten Fragen gestellt, und sie sollten die Antwort nur denken. Du wirst es nicht glauben, aber er hat dann alle Antworten richtig aufgeschrieben.
   Ach, das sind doch Tricks. Ich glaube nicht an so etwas.
   Schau es dir selbst an! Vielleicht wird die Sendung ja wiederholt.

### Übung 3 (Track 18)

**Hören Sie gut zu. Welche der neun Aussagen hören Sie?**

1. Ach, hören Sie mir doch mit den amerikanischen Filmen auf. Die sind doch alle nach demselben Schema gemacht. Einfach immer dasselbe!

2. Früher habe ich nur amerikanische Filme geschaut. Aber mittlerweile gibt es eine ganze Reihe junger deutscher Regisseure, die richtig gute Geschichten erzählen. Als Hamburgerin mag ich besonders die Filme von Fatih Akin: *Im Juli*, *Gegen die Wand* oder *Auf der anderen Seite*.

3. Sie können sagen, was Sie wollen, aber die besten Romanerzähler sind immer noch die Lateinamerikaner. Ob aus Peru, Kolumbien, Argentinien oder Bolivien: Ich lese nur noch Márquez, Allende und Vargas Llosa.

4. Sehen Sie, als Architekt bin ich der Ansicht, die Kunst sollte zeigen, was eine Kultur Besonderes zu bieten hat. Was unterscheidet die Kulturen, und was macht sie einzigartig? Das ist für mich der eigentliche Sinn der Kunst. Es geht um Identität.

5. So ein Unsinn! Natürlich kann man in jedem Land, in jeder Stadt eine Karriere als Model beginnen. Trotzdem träumt natürlich jedes Mädchen davon, eines Tages in Paris oder Mailand arbeiten zu können. Ich möchte eines Tages in New York leben und arbeiten.

6. Vergessen Sie die amerikanische Musikszene. Das war gestern. Das Herz der Musik von heute schlägt in Wien. Wir haben zwar keine Grammys und Skandalstars, aber dafür eine Szene, wie es sie nicht zweimal auf der Welt gibt.

7. Ich möchte ja nicht altmodisch klingen. Aber wenn ich mir so anschaue, wie meine Enkel ihre Freizeit verbringen, macht mich das schon ein wenig nachdenklich: Playstation, Chatten und Videos sind alles, womit sie sich beschäftigen. Bei ihren Freunden ist das nicht anders. Liest denn niemand mehr Romane oder Gedichte? Wenigstens von Zeit zu Zeit?

8. Natürlich kennen wir hier in Hollywood großartige deutsche Regisseure und Filme. Zwei meiner Lieblingsfilme wurden von deutschen Regisseuren gedreht: *Das Boot* und *Das Leben der Anderen*.

9. Wir machen eine Umfrage zum Thema Literatur. Können Sie uns als Buchhändlerin sagen, was die Leute zurzeit am liebsten lesen?
   Nun ja, ganz groß in Mode sind derzeit Vampir-Liebesgeschichten. Thriller gehen auch immer, und nicht zuletzt die lateinamerikanischen Autoren. Seit Mario Vargas Llosa den Literaturnobelpreis bekommen hat, verkaufen wir sehr viele Bücher aus Mittel- und Südamerika.

## Lektion 25

### Übung 4 (Track 19)

**Hören Sie gut zu und beantworten Sie die Fragen.**

1. Ich habe mich immer schon ehrenamtlich engagiert. Ich habe selbst so viel Glück im Leben gehabt, dass ich davon gerne etwas abgebe. Auch Geld spende ich regelmäßig. Ich suche mir immer Organisationen, die zuverlässig sind, und beteilige mich an deren Projekten.

2. Ehrenamtlich tätig sein? Nein, nicht wirklich! Wer hilft mir denn? Ich verdiene auch zu wenig Geld

und muss schauen, wie ich über die Runden komme. Mir gibt auch keiner etwas, und es ist niemand da, der mit meinen Kindern lernt.

3. Auch wenn ich selbst nicht viel habe, finde ich, dass es mir immer noch sehr gut geht. Deshalb helfe ich gerne. Zwar kann ich kein Geld spenden, weil ich nicht so viel verdiene, aber ich koche zum Beispiel regelmäßig in einem Kinderheim. Dafür dürfen meine eigenen Kinder dort auch essen und mit den anderen Kindern spielen. Das finde ich sehr schön.

4. Bei uns im Ort gibt es eine Organisation, die sich darum kümmert, dass hilfsbedürftige Menschen Unterstützung bekommen. Man muss sich nur anmelden und sagen, wie man gerne helfen und was man genau tun möchte, dann vermitteln die einem das Richtige. Ich habe schon Lesestunden in einem Seniorenheim gehalten, mit Waisenkindern einen Christkindlmarkt besucht und gehbehinderte Menschen zum Einkaufen begleitet.

5. Mein Bruder ist ehrenamtlicher Chorleiter. Er organisiert einen großen Chor und probt mit ihm. Die Sänger freuen sich, dass sie ihre Leidenschaft ausüben können, und geben regelmäßig kostenlos Auftritte – zum Beispiel in Altersheimen oder bei karitativen Veranstaltungen. Und treten sie sonst auf, werden die Einnahmen komplett gespendet.

6. Ich gehe oft mit dem Hund meiner Nachbarin Gassi, weil sie nicht mehr so schnell laufen kann, und ich kaufe auch für sie ein. Ich möchte dafür kein Geld haben, aber sie gibt mir trotzdem immer einen Euro, und ich darf mir vom Supermarkt immer eine Kleinigkeit zum Naschen mitnehmen.

### Übung 6 (Track 20)

**Hören Sie gut zu und entscheiden Sie.**

Was ich am schlimmsten fände, wenn ich blind wäre? Am schlimmsten stell ich mir vor, die ganzen schönen Farben nicht mehr sehen zu können. Keine grünen Wiesen, keine bunten Blumen, kein blaues Meer – das muss echt schlimm sein.

Ja, für uns ist diese Vorstellung schlimm, aber wir wissen nicht, wie blinde Menschen das empfinden.

Das stimmt. Ich habe mal gelesen, dass ein musikalisches Stück für Blinde wie eine Farbenpracht ist. Sie haben ja alle anderen Sinne viel stärker entwickelt als wir und empfinden ein Konzert sehr viel tiefer, als wir das je könnten.

Ich habe eine blinde Frau in meiner Nachbarschaft. Sie ist noch sehr jung und lebt allein, obwohl sie von Geburt an blind ist. Sie möchte das so und kommt super zurecht, denn sie sagt, sie möchte trotzdem ein ganz normales Leben führen. Nur eben mit Blindenhund.

Versuchen wir doch einmal, das nachzuleben. Wir können das, auch wenn wir selbst sehen können. Wollt ihr? Wir binden uns mal für einen ganzen Tag die Augen zu, sodass wir nichts mehr sehen, und versuchen, den Tag so zu meistern.

Ja, mal einen Tag, das geht, allerdings an einem Wochenende, denn arbeiten könnte ich dann natürlich nicht.

Okay, ich bin dabei, und hinterher treffen wir uns und erzählen uns von unseren Erfahrungen. Vielleicht sehen wir dann wirklich vieles mit ganz anderen Augen.

## Lektion 26

### Übung 2 (Track 21)

**Hören Sie gut zu. Richtig oder falsch?**

Hey Leute, was ist eigentlich euer Lieblingstier?

Mein Lieblingstier ist mein Kater Jerry. Es ist so schön, ihn zu streicheln, wenn ich abends von der Arbeit nach Hause komme.

Vögel sind tolle Tiere. Ich könnte sie stundenlang beobachten, wie sie so frei durch die Luft fliegen. Den Kolibri mag ich besonders gerne. Wusstet ihr, dass der sogar rückwärts fliegen kann?

Wirklich? Nee, das wusste ich nicht.

Ich finde Schildkröten faszinierend. Die wirken so weise. Habt ihr von Adwaita gehört? Das ist eine Schildkröte, die vor einigen Jahren im Zoo von Kalkutta gestorben ist – im Alter von zweihundertsechsundfünfzig Jahren.

Wahnsinn!

Und, Sarah, was ist dein Lieblingstier?

Ich finde, dass der Gepard ein wunderschönes, elegantes Tier ist. Und dazu ist er mit einer Höchstgeschwindigkeit von circa 110 km/h das schnellste Tier der Welt.
Das schnellste Landtier der Welt! Der Wanderfalke ist im Sturzflug noch schneller. Es wird sogar vermutet, dass er fast dreimal so schnell ist, auch wenn diese Geschwindigkeit noch nie verlässlich gemessen worden ist.
Und was ist mit Rennpferden?
Ein Rennpferd ist bis zu 70 km/h schnell, ungefähr genauso schnell wie ein Hase.
Ludwig, da du so viel über Tiere weißt, kannst du mir ja vielleicht mal eine Frage beantworten.
Gerne, falls ich die Antwort weiß.
Sind Blindschleichen wirklich blind?
Nein, das ist ein Irrtum. Der Name „Blindschleiche" bedeutet so viel wie „blendender Schleicher".
Ich habe auch eine Frage: Welche Farbe kann mein Jerry nicht sehen?
Rot.
Okay, wisst ihr was? Ich habe eine Idee: Jetzt haben wir so viel über Tiere gesprochen. Warum gehen wir nicht alle zusammen in den Zoo?

## Lektion 27

### Übung 7 (Track 23)

**Hören Sie gut zu und beantworten Sie die Fragen.**

Guten Tag.
Guten Tag, nehmen Sie doch bitte Platz. Frau Weiß sagte mir, Sie hätten gerne einen Beratungstermin? Wie genau kann ich Ihnen helfen? Darf ich Ihnen vorher einen Kaffee anbieten, oder vielleicht etwas Kühles?
Oh, vielen Dank, ein Kaffee wäre gut.
...
Bitte. So, nun zu Ihren Wünschen ...
Ich habe in den letzten Monaten etwas Geld gespart und möchte das nun gut anlegen. Zusätzlich möchte ich gerne einen monatlichen Betrag für die Rente sparen. Was für Möglichkeiten habe ich denn da?
Haben Sie sich denn schon etwas Genaues vorgestellt? Soll das Geld flexibel angelegt werden, sodass Sie es jederzeit abheben können, oder wollen Sie es für einen bestimmten Zeitraum fest anlegen? Das würde Ihnen natürlich auch mehr Zinsen einbringen.
Ich verstehe. Aber mein angespartes Geld würde ich trotzdem lieber flexibel anlegen, sodass ich es abheben kann, wann immer ich es brauche. Man weiß ja nie, wozu.
Da haben Sie recht. Dann würde ich Ihnen unser SparFlexi empfehlen. Das ist ein ganz normales Sparkonto, wo Sie immer noch 1,5 Prozent Zinsen bekommen. Und wenn Sie eine größere Summe brauchen sollten, kommen Sie einfach vorbei, und Sie haben das Geld innerhalb von maximal zwei Stunden, je nach der Höhe des Betrags. Für die Rente würde ich Ihnen unser neues Paket RentePlus empfehlen. Da bekommen Sie sogar eine kleine Prämie vom Staat dazu. Die richtet sich nach Ihrem monatlichen Sparbeitrag.
Oh, das klingt gut. Können Sie mir das Angebot ausdrucken? Ich würde mir das dann überlegen und mich wieder bei Ihnen melden.
Aber gerne. Hier ist es. Auf Wiedersehen und bis bald.
Auf Wiedersehen.

## Lektion 28

### Übung 4 (Track 25)

**Hören Sie gut zu. Richtig oder falsch?**

1. Natürlich weiß ich, was Handys sind. Ich bin doch nicht von gestern. Ich selbst habe allerdings keines und benutze aus Gewohnheit immer mein altes Kabeltelefon. Ehrlich gesagt sind mir Handys zu klein, und mit der neuartigen Technologie bin ich überfordert.

2. Eigentlich habe ich zwei Handys. Eines für private Zwecke und eines für die Arbeit, weil ich immer erreichbar sein muss. Manchmal nervt es aber, wenn mein Chef und meine Frau gleichzeitig etwas von mir wollen.

3. Oh, mein Handy! Gestern dachte ich, ich hätte es

verloren. Ich habe die Krise gekriegt, weil ich dachte, alle meine Fotos und meine Musik wären weg. Gott sei Dank ist es später wieder aufgetaucht!

4. Diese Geräte will ich auf keinen Fall in meinem Haus haben. Die sollen ja sehr schädlich für die Gesundheit sein. Deswegen habe ich weder ein schnurloses Telefon noch WLAN zu Hause. Ich bekomme schon Kopfschmerzen, wenn ich nur daran denke. Die Gesundheit geht nun mal vor.

5. Ich habe meine Termine und alle wichtigen Daten auf meinem Handy. Es ist für mich Tagebuch, Terminplaner, Minicomputer und Navigationssystem in einem. Mein Handy kann einfach alles und ist für mich unersetzlich.

## Lektion 29

### Übung 4 (Track 26)

**Hören Sie gut zu. Richtig oder falsch?**

1. Schmidthammer.
   Oh ... ist da nicht die Luna-Klinik?
   Nein, Sie sind bei Schmidthammer in Graz.
   Entschuldigen Sie vielmals! Da habe ich mich wohl verwählt.

2. Alles Gute zum Geburtstag, Inge!
   Vielen Dank, mein Lieber! Aber ich habe erst übermorgen Geburtstag. Heute ist der Dreizehnte.
   Oh, ist das peinlich!

3. Entschuldigen Sie, wenn ich Sie einfach so anspreche: Sind Sie nicht Herr Klein? Ich hatte Sie in Mathe und Physik. Jahrgang 82 ...
   In der Tat. Warten Sie, sagen Sie nichts: Sie sind Irene, nein ... Iris Maiwald, nicht wahr?
   Richtig! Das ist ja unglaublich, was Sie für ein Gedächtnis haben.

4. Ähm ... guten Tag. Haben Sie einen Termin?
   Termin? Nein. Ich habe nur den Ausgang gesucht.
   Wissen Sie, ich habe meine Brille vergessen und konnte nicht lesen, was auf dem Türschild steht.
   Ach so! Da helfe ich Ihnen doch gerne. Sehen Sie: Wenn Sie hier den Gang entlanggehen ...

5. Meine Güte! Ich kaufe mein Ticket, eine große Tüte Popcorn und was zu trinken und setze mich gemütlich in die erste Reihe. Aber auf Leonardo DiCaprio habe ich lange gewartet. Ich war doch tatsächlich in einen Science-Fiction-Film geraten. Und ich hasse Science-Fiction-Filme. Mann, Mann, Mann! Der Abend war wirklich total im Eimer.

6. Hey, Sie! Können Sie sich nicht hinten anstellen?
   Ups! Entschuldigung! War keine Absicht. Ich hab Sie wirklich nicht gesehen.

### Übung 6 (Track 27)

**Hören Sie gut zu und beantworten Sie die Fragen.**

„Jeden Mittwoch frischen Schweinebraten zum halben Preis", stand auf dem Zettel. Da gehe ich hin, habe ich mir gedacht! Ich setze mich also an den Tisch und bestelle mir gleich das Gericht des Tages. „Palatschinken", sagt der Ober. „Wieso denn nicht Schweinebraten?", will ich wissen. „Den gab es gestern", erwidert er und empfiehlt mir noch einmal Palatschinken. Ich liebe ja Parmaschinken oder gekochten Schinken mit Ei über alles und habe also Palatschinken gewählt. Aber das war überhaupt gar kein Schinken, sondern Pfannkuchen. Ich hasse Pfannkuchen! Und jetzt kommt noch das Beste: Am Donnerstagabend kostet alles den vollen Preis: 11,60 Euro. Ich ziehe also meine Kreditkarte und reiche sie dem Ober. Der schüttelt aber nur den Kopf und sagt, dass Kartenzahlung erst ab 20 Euro möglich sei. Ich glaube, ich bin noch nie im Leben so rot geworden. Heute Abend gehe ich wieder hin, bezahle meine Schulden – und bekomme meinen Personalausweis wieder.

## Lektion 17

### Übung 6 (Track 04)

**Hören Sie gut zu und beantworten Sie die Fragen.**

Guten Abend, meine lieben Zuhörerinnen und Zuhörer. Wie jeden Freitagabend begrüßt Sie Dr. Herbst und freut sich, Ihnen Ratschläge zu Ihrer Gesundheit zu geben.

Ah, wie ich höre, haben wir schon den ersten Anrufer in der Leitung. Hallo, mit wem spreche ich?
Hallo, ich bin Anton aus Stuttgart und habe folgendes Problem: Ich sitze den ganzen Tag im Büro am Computerbildschirm, und abends brennen meine Augen wie verrückt. Sie sind dann auch ganz rot, und meistens tränen sie auch. Was kann ich dagegen tun?
Hallo Anton. Zuerst einmal guten Abend. Schön, dass Sie bei uns anrufen. Nun zu Ihrem Problem. An Ihrer Stelle würde ich abends zu Hause den Computer gar nicht mehr einschalten und auch so wenig wie möglich fernsehen, um Ihre Augen zu schonen. Gehen Sie stattdessen raus in die Natur. So können sich Ihre Augen entspannen. Bei starkem Sonnenlicht sollten Sie aber unbedingt eine Sonnenbrille tragen.
Ja, danke für Ihre Ratschläge. Das werde ich versuchen.

So, wer ist jetzt am Apparat?
Hier spricht Julia aus Hamburg. Ich bin 15 Jahre alt und noch Schülerin.
Julia, wie kann ich dir helfen?
Ich bin immer so nervös vor Prüfungen. Ich kann am Abend vorher ganz schlecht einschlafen. Oft liege ich die ganze Nacht wach, drehe mich von einer Seite auf die andere und denke an die Prüfung. Am nächsten Tag fühle ich mich dann total schlapp und matt. Bei der Prüfung kann ich mich dann natürlich gar nicht konzentrieren und bin noch nervöser. Dann bekomme ich auch noch eine schlechte Note.
Ja, Julia. Zuerst habe ich noch eine Frage an dich. Wie lange lernst du denn am Tag vor der Prüfung?
Schon so acht bis zehn Stunden. Ich möchte ja sicher sein, dass ich alles gut verstehe und auch wirklich alles kann. Außerdem muss ich ja so viel auswendig lernen.
Julia, acht bis zehn Stunden – das ist eindeutig zu viel. An deiner Stelle würde ich zwei bis drei Wochen vor der Prüfung mit dem Lernen anfangen und dann jeden Tag ein paar Stunden lernen. Am letzten Tag würde ich nur noch so ungefähr zwei Stunden den ganzen Stoff wiederholen. Damit du auf andere Gedanken kommst, solltest du nach dem Lernen spazieren gehen oder Freunde besuchen. Du könntest auch ins Kino gehen und einen Film ansehen. An deiner Stelle würde ich vor dem Schlafengehen Baldriantropfen nehmen oder einen Entspannungstee trinken.
Vielen Dank für die Ratschläge, Dr. Herbst. Auf Wiederhören.
Gerne.

Und schon wieder klingelt das Telefon. Wer ist jetzt in der Leitung?
Guten Abend, Dr. Herbst. Hier spricht Else aus Nürnberg.
Guten Abend, Else. Was kann ich für Sie tun?
Ich habe in letzter Zeit immer so einen Druck auf meiner Leber. Diese Beschwerden sind ziemlich unangenehm, und ich mache mir Sorgen, dass ich ernsthaft krank bin.
Else, wie ernähren Sie sich denn? Achten Sie auf gesundes Essen?
Keine Ahnung! Morgens esse ich gerne Brötchen mit viel Butter und Marmelade. Dazu trinke ich so drei bis vier Tassen Kaffee. Mittags koche ich oft einen Schweinebraten. Der darf aber nicht zu mager sein, sonst schmeckt er ja nicht. Am Nachmittag hole ich mir dann beim Konditor ein Stück Sahnetorte. Das muss sein. Bis zum Abendessen dauert es ja noch ein Weilchen. Abends mache ich mir dann nur noch ein paar belegte Brötchen mit Wurst oder geräuchertem Schinken aus dem Schwarzwald. Ab und zu mal Nürnberger Bratwürstchen. Mmh, das ist lecker.
Ja, Else, ich verstehe schon, wo Ihr Problem liegt. Als Erstes sollten Sie Ihre Ernährung komplett umstellen. Es wäre wirklich besser, wenn Sie ganz auf Butter verzichten würden. Sie könnten stattdessen Margarine auf das Brötchen streichen. Die ist nicht so fett wie Butter und deshalb besser für Ihre Leber. Statt des Schweinebratens sollten Sie mageres Putenfleisch zubereiten und viel Gemüse essen. An Ihrer Stelle

würde ich dann auf die Sahnetorte am Nachmittag ganz verzichten. Abends sollten Sie nur noch ganz wenig und leicht essen.
Dr. Herbst, ich muss zugeben, mit so einer Antwort habe ich jetzt nicht gerechnet. Sie verbieten mir ja alles, was mir schmeckt!
Else, wenn Sie nicht ernsthaft krank werden wollen, sollten Sie meinen Ratschlag befolgen. So, liebe Zuhörerinnen und Zuhörer, unsere Sendezeit ist schon wieder zu Ende. Ich hoffe, dass Sie auch nächste Woche wieder bei unserem Gesundheitsratgeber dabei sind ...

## Lektion 19

### Übung 2 (Track 08)

**Hören Sie gut zu und beantworten Sie die Fragen.**
Yvonne, komm mal her. Ich muss dir etwas sagen. Du weißt doch, dass wir in den großen Ferien zusammen verreisen wollen. Wir können uns aber nichts Teures leisten.
Ich will aber wieder ans Meer nach Italien und ins selbe Hotel wie letztes Jahr. Dort gab es einen tollen Spielplatz und so ein leckeres Eis.
Tut mir leid. Dieses Jahr haben wir nicht so viel Geld übrig. Aber ich habe eine gute Nachricht: Tante Gerda hat uns angeboten, den Urlaub in ihrem Ferienhaus in den Bergen zu verbringen.
Tante Gerda ist doch die mit den großen Hüten und den vielen Katzen. Ich glaube, die kann ich nicht leiden.
Dafür mag sie dich umso lieber. Also, was sagst du?
Wie sieht es dort aus? Was kann man denn dort noch so machen außer wandern? Und ist die Tante dann etwa auch dabei?
Nein, sie verbringt ihren Urlaub in Spanien. Wir werden dort allein sein. Es gibt unten im Ort einen tollen Freizeitpark und ein großes Thermalbad mit Swimmingpool und Rutsche.
Das klingt ja gar nicht so schlecht ...
Ich verspreche dir, ich werde jeden Tag italienisch kochen, wenn du möchtest. Außerdem soll es dort eine hervorragende Pizzeria geben. Also, bist du dabei?
Darf ich mein Fahrrad mitnehmen, wenn ich Ja sage?
Ja, wir nehmen sowieso unseren kleinen Bus.
Hast du Papa schon gefragt? Ist der einverstanden?
Oh, daran habe ich noch gar nicht gedacht. Wo ist der eigentlich?

## Lektion 22

### Übung 4 (Track 14)

**Hören Sie gut zu und beantworten Sie die Fragen.**
Papa, wie schreibt man „Rad fahren"?
Mit „h" natürlich. Aber toll, dass du mich fragst. Rechtschreibung ist wirklich wichtig. Wir haben das damals in der Schule noch richtig gelernt.
Ich weiß, dass man „fahren" mit „h" schreibt, aber schreibt man „Rad fahren" zusammen oder getrennt?
Äh, ja ... also früher hat man ... da musste man ... heute kann man sicher beides machen. Hast du denn da keine Regeln gelernt?
Doch, aber ich verstehe die nicht so ganz. Hör mal zu...
Äh, tut mir leid, ich muss ganz dringend noch den Rasen mähen, bevor es regnet. Frag doch mal die Mama.
Mama, wie schreibt man „Rad fahren"?
Mit „h" natürlich. Das solltest du aber wirklich wissen. Das haben wir doch schon so oft geübt. Eine korrekte Rechtschreibung ist so wichtig. Ich habe das damals in der Schule noch richtig gelernt.
Ich weiß, dass man „fahren" mit „h" schreibt. Aber ich weiß nicht, ob man „Rad fahren" zusammen oder getrennt schreibt.
Ach so, ja ... also, es ist ja das Rad. Dann schreibt man das sicher getrennt, und „Rad" groß, oder? Das ist doch genauso wie bei „Auto fahren" oder „Fußball spielen".
Und wie schreibt man „spazieren gehen"? Auch getrennt? Und „spazieren" groß? Und wie schreibt man „sitzen bleiben"?
Äh ... ja ... also ... tut mir leid, ich muss jetzt gehen. Ich habe doch einen Arzttermin. Frag doch mal den Opa.
Opa, wie schreibt man „spazieren gehen"?
Mit „ie", und „gehen" schreibt man mit h.

Ja, klar. Aber schreibt man das zusammen oder getrennt?
Ach mein Schatz. Das weiß ich auch nicht, aber ich habe eine Idee. Wir setzen uns an den Computer und schreiben das in ein Word-Dokument. Was nicht stimmt, unterkringelt das Rechtschreibprogramm, und dann wissen wir ganz schnell, wie man das schreibt.
Mensch Opa, du bist echt der Beste! Schreibt man „der Beste" eigentlich groß oder klein?

## Lektion 26

### Übung 4 (Track 22)

**Hören Sie gut zu und beantworten Sie die Fragen.**

Der Elefant ist das größte Säugetier auf dem Land. Die Tiere sind sehr intelligent und haben ein sensibles Wesen. Sie sind soziale Tiere, leben in Gruppen, sorgen füreinander und bleiben über Generationen zusammen. Ihr riesiger Körper steht auf vier Beinen, die starken Säulen gleichen. Man erkennt sie sofort an ihren großen Ohren und dem langen Rüssel. Die Fußsohlen sind wie Kissen, die helfen, das große Gewicht der Tiere zu dämpfen. Elefanten werden bis zu drei Meter groß und können, wenn sie erwachsen sind, bis zu fünf Tonnen wiegen.
Der Afrikanische Elefant hat die größten Zähne, die Stoßzähne. Sie können über drei Meter lang und 200 Kilogramm schwer werden. Bei den Weibchen sind sie etwas kleiner. Bei Asiatischen Elefanten haben nur die Männchen Stoßzähne.
Auch die Ohren des Afrikanischen und des Asiatischen Elefanten sind unterschiedlich. Beim Afrikanischen Elefanten sind sie wesentlich größer und werden bis zu zwei Meter lang. Die Rüssel unterscheiden sich ebenfalls. Der Afrikanische Elefant hat am Rüsselende zwei kleine Finger, während der Asiatische davon nur einen besitzt.
Die Haut des Elefanten ist bis zu drei Zentimeter dick, aber trotzdem sehr empfindlich. Bei den Elefantenbabys ist die Haut sehr behaart.
Der Lebensraum der Afrikanischen Elefanten ist im Süden Afrikas. Dazu gibt es noch einige Waldelefanten in den Wäldern Westafrikas. Wild lebende Asiatische Elefanten findet man nur noch sehr selten. Wenn, dann in einigen Waldregionen Südostasiens. Elefanten können fast so alt werden wie Menschen – sechzig Jahre, in einigen Fällen bis zu siebzig Jahre.

## Lektion 27

### Übung 2 (Track 24)

**Hören Sie gut zu. Richtig oder falsch?**

Servicebank Darmstadt, Maurer.
Guten Tag. Mein Name ist Wegener. Ich habe da ein kleines Problem. Und zwar haben Sie mir am 12. Oktober einen Betrag abgebucht. 567 Euro. Also, ich weiß gar nicht, was das soll.
Geben Sie mir doch bitte Ihre Kontonummer, dann kann ich das im Zentralrechner prüfen.
678 51 23 24.
Oh, Herr Wegener, es tut mir leid, aber unser Betriebssystem ist überlastet. Ich kann Ihr Konto im Moment nicht einsehen. Kann ich Sie heute Nachmittag zurückrufen?
Ja, das geht. Bis halb fünf können Sie mich unter 71 71 76 erreichen.
Gut, Herr Wegener, ich rufe Sie dann zurück. Auf Wiederhören.

Servicebank Darmstadt, Maurer.
Köbelin. Ich habe vor drei Wochen bei Ihnen einen Dauerauftrag gekündigt. Aber das Geld ist noch einmal abgebucht worden.
Moment, da muss ich Sie weiterverbinden. Das kann ich am Schalter nicht kontrollieren.
...
Servicebank Darmstadt, Tischler. Guten Tag, Frau Köbelin. Meine Kollegin hat mich schon unterrichtet. Geben Sie mir doch bitte Ihre Kontodaten.
Ja gern, also: Meine Kontonummer ist 678 08 91 23, und der Dauerauftrag war über die Summe von 420 Euro, immer zum Monatsersten an die Hausverwaltung Stenzel.
Ah ja, da haben wir es. Wir kümmern uns sofort darum, Frau Köbelin. Der Betrag wird innerhalb der

nächsten Tage wieder auf Ihrem Konto sein. Ich entschuldige mich vielmals für den Fehler.

Servicebank Darmstadt, Maurer.
Guten Tag, Trippner mein Name. Ich habe meine EC-Karte verloren, oder vielleicht ist sie auch gestohlen worden. Auf jeden Fall ist sie weg. Was muss ich jetzt machen?
Die EC-Karte muss sofort gesperrt werden. Wie ist denn Ihre Kontonummer?
Meine Kontonummer ist 678 43 04 40. Ist dann alles in Ordnung, oder kann trotzdem jemand Geld von meinem Konto abheben?
Es könnte sein, dass trotzdem Geld vom Konto abgebucht wird, zum Beispiel wenn jemand im Geschäft mit der Karte bezahlt, aber in diesem Fall haften die Geschäftsinhaber, wenn die Karte gesperrt ist. Sie müssen aber in der nächsten Zeit Ihre Kontoauszüge genau kontrollieren, damit wir in solchen Fällen das Geld zurückfordern können.
Das werde ich tun, vielen Dank erst mal.

## Lektion 29

### Übung 1 (Track 28)

**Hören Sie gut zu. Was macht diese Menschen glücklich?**
Guten Tag! Wir kommen vom Rundfunk und machen eine Umfrage zum Thema „Glück". Dürften wir Ihnen eine persönliche Frage stellen? Was macht Sie glücklich?

1. Oh, was mich glücklich macht? Diese Frage ist zugleich leicht und auch schwierig zu beantworten. Manchmal genügt es schon, wenn mir beim Aufwachen die Sonne ins Gesicht scheint und es ein strahlend schöner Tag ist.

2. Da muss ich nicht lange nachdenken. Mich macht es sehr glücklich, wenn meine Kinder im Garten spielen. Am glücklichsten bin ich, wenn sie mich umarmen und dabei lachen. Besser geht's nicht.

3. Ein schöner Urlaub macht mich glücklich, weil ich dann alle meine Sorgen und den Ärger in der Arbeit für eine Weile vergessen kann.

4. Ich schwebe gerade auf Wolke sieben. Ich habe vor einigen Wochen meine Traumfrau geheiratet und bin soeben aus den Flitterwochen zurückgekommen. Mich kann gerade nichts unglücklich machen.

5. Gestern war ich in einem neuen italienischen Restaurant. Dort gab es die beste Pasta, die ich je in meinem Leben gegessen habe. Gutes Essen kann mich sehr glücklich machen.

6. Ich bin Sportler. Ich laufe Marathon. Im Ziel anzukommen ist schon ein tolles Gefühl. Einmal war ich sogar unter den ersten zehn. Da war ich einige Tage so glücklich wie noch nie zuvor.

7. Ich fühle mich rundherum glücklich, wenn alle meine Freunde und meine Familie zusammenkommen. Meistens ist das an Weihnachten, großen Geburtstagsfeiern und ähnlichen Ereignissen.

8. Mich macht es glücklich, wenn ich etwas mit Erfolg geschafft habe, von dem ich vorher dachte, dass ich es nicht kann. Wenn dann alle zufrieden sind, bin ich es auch.

# Lösungen

## Lektion 16

### Übung 1

1. würde 2. Wärst 3. Würdest 4. hätte 5. Würden / wären 6. wäre 7. Würdest / würde 8. hätte / würde 9. wäre / würde 10. hätte

### Übung 2

**Mögliche Lösungen**

1. Würdest/Könntest du mir bitte dein Buch geben? 2. Würden/Könnten Sie mir bitte die Speisekarte bringen? 3. Ich hätte gern / bräuchte 1 kg Tomaten und 2 rote Paprika. 4. Würden/Könnten Sie mir bitte sagen, wo der Ausgang ist? 5. Würden/Könnten Sie mir bitte sagen, wie viel der Pullover kostet?
6. Würdet/Könntet ihr bitte mitkommen?
7. Würden/Könnten Sie bitte zuhören?
8. Würdest/Könntest du bitte den Satz wiederholen?
9. Wir hätten gern / möchten eine Pizza und eine Lasagne. 10. Würdet/Könntet ihr uns eure Bilder zeigen? 11. Würden/Könnten Sie bitte das Formular ausfüllen? 12. Würdest/Könntest du bitte einen Moment warten? 13. Hätten Sie Zeit?

### Übung 3

Keine Modelllösung möglich

### Übung 4

1. C 2. E 3. B 4. D 5. F 6. A

### Übung 5

1. F 2. R 3. R 4. F 5. R 6. F

### Übung 6

1. Frau 2. Einkaufen 3. ein Länderspiel 4. in der Apotheke 5. Eier

## Lektion 17

### Übung 1

1. Würden Sie mir bitte helfen? 2. Hättest du ein Pflaster für mich? 3. Ich könnte dir die Wunde verbinden. 4. Hätten Sie vielleicht ein Hausmittel für mich? 5. Ich hätte gerne ein Medikament gegen Migräne. 6. Sie sollten wirklich für einige Zeit mit dem Sport aufhören. 7. Dürfte ich Sie vielleicht um ein paar Ratschläge bitten? 8. Wenn man sich den Magen verdorben hat, sollte man Kamillentee trinken.

### Übung 2

1. Würdest/Könntest du bitte rausgehen?
2. Würdest/Könntest du mir bitte ein Pflaster geben?
3. Würdet/Könntet ihr ihm bitte einen Tee kochen?
4. Würdest/Könntest du mir bitte die Tabletten bringen? 5. Würden/Könnten Sie bitte den Oberkörper frei machen? 6. Würden/Könnten Sie mir bitte eine Salbe empfehlen? 7. Würdest/Könntest du bitte deine Medizin nehmen? 8. Würden/Könnten Sie bitte regelmäßig Pausen machen? 9. Würdet/Könntet ihr euch bitte untersuchen lassen?
10. Würden/Könnten Sie bitte meine Wunde verbinden? 11. Würdet/Könntet ihr bitte endlich mehr Zeit für mich haben?

### Übung 3

1. F 2. E 3. I 4. A 5. C 6. B 7. D 8. H 9. G

### Übung 4

**Mögliche Lösungen**

1. Du solltest weniger essen! / An deiner Stelle würde ich weniger essen! 2. Du solltest im Bett bleiben! / An deiner Stelle würde ich im Bett bleiben! 3. Er sollte früher aufstehen! / An seiner Stelle würde ich früher aufstehen! 4. Du solltest zum Arzt gehen! / An deiner Stelle würde ich zum Arzt gehen! 5. Ihr solltet euch alles aufschreiben! / An eurer Stelle würde ich mir alles aufschreiben! 6. Du solltest Urlaub nehmen! / An deiner Stelle würde ich Urlaub nehmen! 7. Sie sollte weniger arbeiten! / An ihrer Stelle würde ich weniger arbeiten! 8. Es sollte Kamillentee trinken! / An seiner Stelle würde ich Kamillentee trinken! 9. Er sollte ein Hörgerät kaufen! / An seiner Stelle würde ich ein Hörgerät kaufen! 10. Du solltest Hustensaft nehmen! / An deiner Stelle würde ich Hustensaft nehmen! 11. Du solltest die Wunde verbinden! / An deiner Stelle würde ich die Wunde verbinden! 12. Du solltest dich leichter

anziehen! / An deiner Stelle würde ich mich leichter anziehen! 13. Er sollte Zwieback essen! / An seiner Stelle würde ich Zwieback essen! 14. Sie sollte ein Pflaster benutzen! / An ihrer Stelle würde ich ein Pflaster benutzen!

### Übung 5
Keine Modelllösung möglich

### Übung 6
1. R 2. R 3. F 4. F 5. F 6. R

## Lektion 18

### Übung 1
1. parlamentarische Demokratie 2. Bundestag 3. Bundeskanzler 4. Bundespräsident 5. Bundesrat 6. Koalition 7. Stadtstaat 8. Gesetz

### Übung 2
1. C 2. E 3. F 4. B 5. A 6. G 7. D

### Übung 3
**Mögliche Lösungen**

1. Antje möchte sowohl berufstätig sein als auch Kinder haben. 2. Herr Weber kann entweder im Landtag sitzen oder Mitglied des Bundestags sein.
3. Berlin ist zwar klein, hat aber viele Einwohner.
4. Götz hat weder drei Kinder noch Erfolg im Beruf. / Götz hat sowohl drei Kinder als auch Erfolg im Beruf.
5. Einerseits hat Doris einen Arbeitsplatz, andererseits braucht sie finanzielle Unterstützung. / Doris hat zwar einen Arbeitsplatz, braucht aber finanzielle Unterstützung. 6. Alma und Kurt brauchen entweder Hilfe im Alltag, oder sie müssen in einem Pflegeheim leben.

### Übung 4
1. Deutschland grenzt an neun Nachbarstaaten.
2. Deutschlands Nachbarstaaten heißen Belgien, Dänemark, Frankreich, Luxemburg, Niederlande, Schweiz, Österreich, Polen und Tschechien.
3. Die neuen Bundesländer heißen Mecklenburg-Vorpommern, Brandenburg, Sachsen-Anhalt, Sachsen und Thüringen. 4. Deutschland war 40 Jahre lang geteilt. 5. Keine Modelllösung möglich
6. Nordrhein-Westfalen hat die meisten Einwohner.
7. Der Bundestag wählt den Bundeskanzler.

### Übung 5
**Mögliche Lösungen**

1. Deutschland hat nicht 20, sondern 16 Bundesländer.
2. Seit dem Herbst 1990 ist Deutschland wiedervereinigt. 3. Er bekommt kein Pflegegeld, sondern Elterngeld. 4. Berlin ist das drittkleinste Bundesland und hat die höchste Bevölkerungsdichte.
5. Der Bundespräsident ist das Staatsoberhaupt.
6. In Deutschland haben Männer und Frauen die gleichen Rechte. 7. Jeder, der nicht genug Geld hat, kann Wohngeld bekommen.

### Übung 6
1. R 2. F 3. F 4. R 5. F 6. R

### Übung 7
1. Der Regierungschef wird vom Bundestag gewählt.
2. Die Kandidaten werden von den Parteien aufgestellt. 3. Über die Gesetze wird vom Bundestag abgestimmt. 4. Die Kandidaten werden vom Volk in freier Wahl gewählt. 5. Die Regierung wird vom Bundestag kontrolliert. 6. Die Bundesländer werden von den Ministerpräsidenten regiert. 7. Eine Koalition wird von mehreren Parteien gebildet.

## Lektion 19

### Übung 1
1. zu regnen 2. zu helfen 3. zu buchen 4. zu tragen 5. zu beraten 6. zu reisen 7. anzubieten 8. zu prüfen

### Übung 2
1. B 2. H 3. G 4. A 5. E 6. D 7. C 8. F

### Übung 3
1. R 2. F 3. R 4. R 5. R 6. R 7. R 8. F

### Übung 4
1. G 2. H 3. E 4. C 5. A 6. F 7. B 8. D

### Übung 5
Keine Modelllösung möglich

### Übung 6
1. Reiseziel 2. Nachteile 3. angenehmen
4. Auskünfte 5. erholt 6. sehenswerte

### Übung 7
1. F 2. R 3. R 4. F 5. F

## Lektion 20

### Übung 1
1. nach 2. Am 3. zwischen 4. seit / bis
5. Wegen 6. vor 7. über / in 8. außerhalb

### Übung 2
1. B 2. C 3. A 4. B/C 5. A 6. C

### Übung 3
1. Mit wem telefonierst du gerade? 2. Worüber hat er gestern gesprochen? 3. Worauf freust du dich besonders? 4. Vor wem hast du große Angst? 5. Worunter leiden Sie besonders? 6. Woran kann er sich nur schwer gewöhnen?

### Übung 4
Keine Modelllösung möglich

### Übung 5
1. von 2. nach 3. im 4. auf 5. zu 6. Auf
7. zu 8. bei 9. ins 10. Wegen 11. nach 12. mit
13. zum 14. Innerhalb 15. auf 16. von

### Übung 6
1. A 2. C 3. C 4. C 5. A 6. C

## Lektion 21

### Übung 1
1. Hier darf man nicht parken. 2. Sie müssen das nicht wissen. 3. Sie müssen keine Gebühr bezahlen. 4. Sie müssen diesen Knopf drücken. 5. Sie dürfen die Prospekte mitnehmen. 6. Sie müssen diesen Mann kennen. 7. Wenn es Ihnen nicht schmeckt, müssen Sie es nicht aufessen. 8. Sie dürfen nicht ohne Führerschein Auto fahren. 9. Nächste Woche muss ich zum Glück nicht arbeiten. 10. Du darfst mich anrufen, wenn du meine Hilfe brauchst.

### Übung 2
Keine Modelllösung möglich

### Übung 3
1. G 2. D 3. E 4. F 5. B 6. C 7. A

### Übung 4
1. R 2. R 3. R 4. F 5. F 6. F

### Übung 5
**Mögliche Lösungen**

1. Sie kommen am Freitagabend. 2. Sie wollen bis Montag oder Dienstag bleiben. 3. Sie wollen mit ihnen schon lange eine Bootstour auf dem Kanal machen. 4. Nein, das ist keine gute Idee, weil Anke Rückenschmerzen hat. 5. Lutz isst gerne Heikes Kartoffelsalat. 6. Für Montag ist ein Ausflug an den See geplant.

### Übung 6
Keine Modelllösung möglich

### Übung 7
1. muss 2. Können/Könnten 3. muss/müssen
4. brauchst 5. brauchen 6. könntest

## Lektion 22

### Übung 1
1. der 2. die 3. die 4. das 5. die 6. der

7. die 8. der 9. die 10. die 11. der 12. der 13. die 14. das 15. der 16. die 17. das 18. der 19. der 20. der 21. das 22. der 23. der 24. der 25. die 26. das 27. das 28. der 29. der 30. die

### Übung 2
1. **s**chnarchen 2. **S**chnarchen 3. **S**pielen 4. **s**pielen 5. **S**chwimmen 6. **s**chwimmen 7. **f**lüstern 8. **F**lüstern 9. **B**esonderes 10. **G**ute

### Übung 3
1. wei**ß** 2. La**ss** 3. Fitne**ss**studio 4. lie**ß** 5. da**s** 6. Stre**ss** 7. Vergi**ss** 8. mu**ss** / nie**s**en 9. Ra**s**en 10. angesto**ß**en

### Übung 4
Das schönste Fest des Jahres ist unser Sommerfest. Wir feiern es immer am längsten Tag des Jahres. Neben unserer Straße liegt eine große Wiese. Dort zünden wir ein großes Feuer an, dann essen und trinken wir etwas und feiern ausgelassen. Die Kinder dürfen länger aufbleiben. Sie haben immer großen Spaß. Sie sagen Verse auf oder lesen kurze Texte vor. Das genießen sie natürlich genauso wie das lange Aufbleiben. Dass das auch dieses Jahr wieder sensationell wird, ist sicher!

### Übung 5
1. R 2. F 3. F 4. R 5. R 6. F 7. R 8. R 9. R 10. F

### Übung 6
Keine Modelllösung möglich

### Übung 7
ein Gedicht ohne Regeln
in diesem Gedicht
hält man sich nicht
an wichtige Regeln
das Lesen ist schwer
versteht irgendwer
was das heißen soll

## Lektion 23

### Übung 1
1. Sie kauft ein neues Kostüm, um beim Vorstellungsgespräch schick auszusehen. 2. Du suchst eine neue Stelle, um mehr Karrieremöglichkeiten zu haben. 3. Ich mache weniger Überstunden, um mehr Zeit mit meinen Kindern zu verbringen. 4. Er wünscht sich einen neuen Arbeitsplatz, um mehr Verantwortung zu übernehmen. 5. Der Chef führt den Bewerber durch die Firma, damit der Bewerber die Firma kennenlernt. 6. Wir diskutieren mit dem Chef, damit er uns mehr Zeit für das Projekt gibt. 7. Die Mitarbeiter helfen dem neuen Kollegen, damit er sich schnell einarbeitet. 8. Die Firma zahlt gute Sozialleistungen, damit die Angestellten zufrieden sind. 9. Anton schaut auf die Homepage der Firma, um sich auf das Vorstellungsgespräch vorzubereiten. 10. Der Personalchef stellt schwierige Fragen, um den Bewerber zu prüfen.

### Übung 2
**Mögliche Lösungen**
1. wie 2. warum 3. wie 4. wie 5. wie 6. wann 7. warum 8. wie

### Übung 3
1. F 2. R 3. F 4. F 5. F

### Übung 4
1. als 2. genauso 3. besser 4. wichtigsten 5. am 6. größer 7. wie 8. mehr 9. weniger

### Übung 5
**Mögliche Lösungen**
1. Ein ideales Betriebsklima herrscht dann, wenn sich alle Mitarbeiter wohlfühlen und mit ihrem Arbeitsplatz zufrieden sind. 2. Es ist nicht wirklich einfach. Es genügt natürlich nicht, große Weihnachtsfeiern und Sommerfeste für die Belegschaft zu organisieren. 3. Man muss Vertrauen unter den Mitarbeitern schaffen. Das gilt nicht nur innerhalb der Abteilung, sondern auch zwischen allen Abteilungen und ganz besonders zwischen der Produktion und dem Management. 4. Die Firma von Herrn Müller setzt auf positives Feedback und interne Transparenz. Das

bedeutet erstens, dass Mitarbeiter nicht nur kritisiert, sondern auch gelobt werden, wenn sie sehr gut arbeiten. Das steigert die Motivation. Zweitens gibt es eine offene Kommunikation und Informationsaustausch zwischen den Büros und der Fertigung.

### Übung 6
1. C 2. A 3. B 4. B 5. C

## Lektion 24

### Übung 1
1. denn 2. Wegen 3. Wieso/Weshalb/Warum / Weil 4. Weil/Da 5. daher/deshalb 6. denn 7. daher/deshalb 8. Wegen 9. weil/da

### Übung 2
1. A 2. A 3. B 4. C 5. A 6. B

### Übung 3
1. ✓ 2. ✗ 3. ✓ 4. ✗ 5. ✗ 6. ✓ 7. ✓ 8. ✓ 9. ✓

### Übung 4
Keine Modelllösung möglich

### Übung 5
1. C 2. A 3. G 4. E 5. H 6. I 7. B 8. F 9. D

### Übung 6
Keine Modelllösung möglich

### Übung 7
Keine Modelllösung möglich

## Lektion 25

### Übung 1
1. trotzdem 2. Obwohl 3. allerdings 4. obwohl 5. Trotz 6. obwohl 7. aber 8. trotzdem 9. trotzdem 10. Trotz

### Übung 2
1. A 2. B 3. C 4. B 5. A 6. B

### Übung 3
Keine Modelllösung möglich

### Übung 4
**Mögliche Lösungen**

1. Sie hat selbst sehr viel Glück im Leben gehabt und möchte davon etwas abgeben. 2. Er hat selbst Probleme und zu wenig Geld, und niemand hilft ihm. 3. Sie kocht regelmäßig in einem Kinderheim. 4. Er hat Lesestunden in einem Seniorenheim gehalten, hat mit Waisenkindern einen Christkindlmarkt besucht und hat gehbehinderte Menschen zum Einkaufen begleitet. 5. Das Geld wird gespendet. 6. Das Mädchen geht mit dem Hund der Nachbarin Gassi und kauft für die Nachbarin ein. Dafür möchte es kein Geld haben.

### Übung 5
**Mögliche Lösungen**

1. Er hatte einen anstrengenden Beruf; trotzdem half er immer Menschen in Not. 2. Es gab viele ehrenamtliche Helfer; trotzdem wurden die neuen Vereinsräume nicht rechtzeitig fertig. 3. Es gehen viele Spenden ein; trotzdem gibt es nicht genügend Geld für das Kinderheim. 4. Meine Nachbarin ist schon sehr alt; trotzdem kümmert sie sich um hilfsbedürftige Menschen. 5. Er ist behindert; trotzdem arbeitet er den ganzen Tag. 6. Der Verein hatte viele Mitglieder; trotzdem nahm er nicht genügend Geld ein. 7. Er ist krank; trotzdem engagiert er sich für den Tierschutzverein. 8. Lisa hatte viele Hausaufgaben; trotzdem kaufte sie gestern für ihre kranke Nachbarin ein. 9. Sie ist sehr müde; trotzdem geht sie heute Abend in die Theaterprobe. 10. Sie wird schlecht bezahlt; trotzdem bleibt sie in der Firma.

### Übung 6
1. A 2. C 3. A 4. B 5. B 6. A

## Lektion 26

**Übung 1**

1. Ja, er setzt sich rein. 2. Ja, er ist schon drinnen. 3. Ja, er springt runter. 4. Ja, sie schwimmen rüber. 5. Ja, sie sind unten. 6. Ja, sie laufen raus. 7. Ja, sie klettern rauf. 8. Ja, sie sind draußen. 9. Ja, sie liegen noch drauf. 10. Ja, sie sind drüben.

**Übung 2**

1. F 2. R 3. F 4. R 5. R 6. F 7. R 8. F

**Übung 3**

1. herunter 2. hinaus 3. drinnen 4. hinübergehen 5. oben

**Übung 4**

1. Wir gehen nach oben. 2. Er fährt nach unten. 3. Du schaust nach drüben. 4. Sie tragen die Möbel nach drinnen. 5. Die Kinder gehen nach draußen.

**Übung 5**

**Mögliche Lösungen**

1. Zecken sind ganz kleine Spinnentiere. 2. Zecken beißen sich an Körperstellen fest. 3. Ja, ein Zeckenbiss kann gefährlich sein. Es kann zu Infektionen und gefährlichen Krankheiten kommen. 4. Man sollte sich impfen lassen. 5. Bei Spaziergängen im Wald sollte man geschlossene Kleidung tragen. Man kann insektenabweisende Mittel verwenden, aber diese bieten keinen sicheren Schutz. Und man sollte den Körper, besonders bei Kindern, immer nach Zecken absuchen.

**Übung 6**

1. dem / Ja, eine Fliege sitzt drauf. 2. den / Ja, sie legt sich drunter. 3. dem / Ja, er wartet davor. 4. der / Ja, sie hat sich dahinter versteckt. 5. der / Ja, das daneben ist eine Tsetsefliege. 6. den / Ja, er springt drüber.

**Übung 7**

**Mögliche Lösungen**

1. 9 Wochen alt ist 2. man dann den Schülern das Wissen über Hunde viel besser erklären kann 3. hat sich das Gemeinschaftsgefühl in der Klasse verbessert 4. schnell wieder aus seinem Körbchen herauskommt 5. dort oben eine Dose mit Hundekeksen steht 6. Hündin Paula gestreichelt hat

## Lektion 27

**Übung 1**

1. C 2. H 3. A 4. G 5. B 6. D 7. E 8. F

**Übung 2**

1. Bevor 2. dann/danach 3. dann/danach 4. inzwischen 5. gleichzeitig 6. Vorher 7. Bevor 8. inzwischen

**Übung 3**

1. G 2. C 3. F 4. A 5. E 6. B 7. D

**Übung 4**

1. abheben 2. bezahlen 3. kaufen 4. einzahlen 5. abgebucht 6. angelegt 7. überweisen 8. schulde

**Übung 5**

**Mögliche Lösungen**

1. Nachdem Frau Aslan Geld abgehoben hat, kauft sie ein. 2. Nachdem du die Rechnung gelesen hast, überweist du den Betrag. 3. Bevor wir ein Konto eröffnen, vergleichen wir verschiedene Banken. 4. Nachdem ihr einen Kredit aufgenommen habt, bezahlt ihr den Kredit zurück. 5. Während ich im Internet surfe, erledige ich meine Bankgeschäfte. 6. Bevor er eine Einzugsermächtigung erteilt, prüft er den Kontostand. 7. Nachdem ihr Geld auf das Sparbuch einbezahlt habt, bekommt ihr Zinsen.

**Übung 6**

1. D 2. A 3. F 4. B 5. E 6. C

**Übung 7**

**Mögliche Lösungen**

1. Der Kunde möchte Geld anlegen und für die Rente sparen. 2. Sie bietet ihm das Sparkonto SparFlexi

und das Paket RentePlus an. 3. Nein. 4. Für das Paket RentePlus bekommt man eine staatliche Prämie. 5. Er bittet sie, ihm das Angebot auszudrucken.

## Lektion 28

### Übung 1

1. Angeblich sind die Strahlen schädlich. / Man sagt/erzählt/berichtet, dass die Strahlen schädlich sind. / Die Strahlen sollen schädlich sein. 2. Angeblich macht das Internet abhängig. / Man sagt/erzählt/berichtet, dass das Internet abhängig macht. / Das Internet soll abhängig machen. 3. Angeblich ist ihre/Ihre Handyrechnung sehr hoch. / Man sagt/erzählt/berichtet, dass ihre/Ihre Handyrechnung sehr hoch ist. / Ihre Handyrechnung soll sehr hoch sein. 4. Angeblich stören Handystrahlen den Schlaf. / Man sagt/erzählt/berichtet, dass Handystrahlen den Schlaf stören. / Handystrahlen sollen den Schlaf stören. 5. Angeblich regen sich seine Eltern schrecklich über seine Noten auf. / Man sagt/erzählt/berichtet, dass sich seine Eltern schrecklich über seine Noten aufregen. / Seine Eltern sollen sich schrecklich über seine Noten aufregen. 6. Angeblich macht sich die Mutter große Sorgen. / Man sagt/erzählt/berichtet, dass sich die Mutter große Sorgen macht. / Die Mutter soll sich große Sorgen machen. 7. Angeblich redet Hilda nur Quatsch. / Man sagt/erzählt/berichtet, dass Hilda nur Quatsch redet. / Hilda soll nur Quatsch reden. 8. Angeblich übertreibt Harald immer. / Man sagt/erzählt/berichtet, dass Harald immer übertreibt. / Harald soll immer übertreiben.

### Übung 2

1. Ansicht 2. anderer 3. finde 4. Nach 5. einverstanden 6. anders 7. Quatsch 8. ganz

### Übung 3

**Mögliche Lösungen**

1. Meine Eltern können recht haben. 2. Er kann noch nicht zu Hause sein. 3. Sie kann schon im Büro sein. 4. Sie kann nur krank sein. 5. Das kann Sabine sein. 6. Das Bild kann nur von Picasso sein. 7. Der Film kann noch nicht zu Ende sein. 8. Das kann nur ein Fehler sein.

### Übung 4

1. F 2. R 3. F 4. F 5. R

### Übung 5

1. Je mehr Sport ich mache, desto fitter werde ich. 2. Je mehr er isst, desto dicker wird er. 3. Je lauter der Lehrer spricht, desto besser hören ihn die Schüler. 4. Je mehr die Pianistin übt, desto besser spielt sie. 5. Je stärker es regnet, desto weniger Lust haben wir zu joggen. 6. Je schöner das Wetter ist, desto lieber gehen die Kinder schwimmen. 7. Je stärker der Kaffee ist, desto schlechter kann ich schlafen. 8. Je besser sie ihn kennt, desto netter findet sie ihn. 9. Je schneller ihr schreibt, desto mehr Fehler macht ihr. 10. Je länger du schläfst, desto müder bist du. 11. Je begeisterter die Zuhörer klatschen, desto mehr Lieder singt der Sänger. 12. Je spannender der Film ist, desto zufriedener geht das Publikum nach Hause.

### Übung 6

Keine Modelllösung möglich

### Übung 7

Keine Modelllösung möglich

## Lektion 29

### Übung 1

1. irren 2. als ob 3. Täuschung 4. vorschreiben 5. siehst / aus 6. meinen 7. scheinen

### Übung 2

1. G 2. B 3. A 4. E 5. D 6. C 7. F

### Übung 3

1. H 2. B 3. F 4. G 5. A 6. D 7. E 8. C

### Übung 4

1. R 2. R 3. F 4. R 5. R 6. F

### Übung 5

1. Wäre es doch nur/bloß etwas leiser! 2. Würde sie doch nur/bloß anrufen! 3. Hätte ich doch nur/bloß mehr Geduld! 4. Könnte ich ihr doch nur/bloß helfen! 5. Könnten sie doch nur/bloß kommen! / Könnte ich doch nur/bloß kommen! 6. Wäre er doch nur/bloß pünktlich! 7. Hätte ich doch nur/bloß seine Handynummer noch! 8. Wäre ich doch nur/bloß im Urlaub! 9. Wäre sie doch nur/bloß berühmt! 10. Wäre die Vorstellung doch nur/bloß ausverkauft!

### Übung 6

**Mögliche Lösungen**

1. Die Geschichte passierte an einem Donnerstag. 2. Er wollte Schweinebraten essen. 3. Am Mittwoch kostet der Schweinebraten nur die Hälfte. 4. Nein, Palatschinken sind eine Mehlspeise. 5. Nein, er wollte mit seiner Kreditkarte bezahlen, aber das war nicht möglich. 6. Er hat seinen Personalausweis als Pfand dagelassen, und er geht noch einmal hin, um seine Schulden zu bezahlen.

### Übung 7

**Mögliche Lösungen**

1. Hätte 2. Wäre 3. hätte 4. könnte 5. Hätte 6. wäre 7. würde 8. Wärest 9. Könntest 10. würde

## Lektion 30

### Übung 1

1. Jenny zieht nach Kiel, weil sie dort einen Arbeitsplatz gefunden hat. 2. Ihre Arbeit in Kiel beginnt Anfang August. 3. Die Party soll am 6. Juli ab 19 Uhr im Garten ihres Studentenwohnheims stattfinden. 4. Sie hofft, dass das Wetter gut bleibt. 5. Sie lädt ihre Freunde, ihren Lehrer und seine Frau ein. 6. Er hat ihr beim Deutschlernen und bei der Bewerbung geholfen. 7. Er soll zu ihr kommen, um die Party vorzubereiten.

### Übung 2

1. Jenny hat alle zu ihrem Fest eingeladen. 2. Ihre Freunde haben bei der Vorbereitung geholfen. 3. Der Lehrer hat Jenny zu ihrem neuen Job gratuliert. 4. Die Lehrerin hat an diesem Abend mit allen Schülern gesprochen. / Alle Schüler haben an diesem Abend mit der Lehrerin gesprochen. 5. Wir haben auf unsere Gäste gewartet. 6. Ich habe auf gutes Wetter gehofft. 7. Du hast dich bei deinen Freunden bedankt. 8. Ihr habt euch mit euren Freunden getroffen. 9. Die Schüler haben sich an ihren ersten Schultag erinnert. 10. Jenny hat sich um eine neue Stelle beworben. 11. Wir haben nach der richtigen Adresse gesucht.

### Übung 3

1. B 2. D 3. H 4. E 5. F 6. C 7. A 8. G

### Übung 4

Keine Modelllösung möglich

### Übung 5

1. Ja, sie schenken es ihr. 2. Ja, sie schickt sie ihnen. 3. Ja, er leiht sie uns. 4. Ja, ich wünsche sie ihm. 5. Ja, ich gebe sie ihr. 6. Ja, wir kaufen sie ihnen. 7. Ja, ich zeige sie ihm. 8. Ja, sie bietet sie ihnen an. 9. Ja, wir schreiben sie ihm. 10. Ja, er kauft sie ihr.

### Übung 6

1. H 2. B 3. C 4. G 5. D 6. E 7. F 8. A

## Lektion 16

### Übung 1

Keine Modelllösung möglich

### Übung 2

**Mögliche Lösungen**

1. wäre ich pünktlich 2. würde ich ihr Blumen mitbringen 3. würde ich ihnen Taschengeld geben 4. würde ich auch auf andere hören 5. würde ich an den Geburtstag denken 6. würde ich nicht mit den Nachbarn streiten 7. würde ich zuhören 8. würde ich im Haushalt helfen

### Übung 3

Keine Modelllösung möglich

## Lektion 17

### Übung 1

1. Pflaster 2. Hausmittel 3. Wunde / blutet 4. fühle / wohl / erbrochen 5. Magen 6. schwitze 9. Untersuchung

### Übung 2

1. Geh zum Arzt! 2. Helft mir! 3. Machen Sie Ihren Oberkörper frei! 4. Nimm die Tropfen regelmäßig ein! 5. Treiben Sie regelmäßig Sport! 6. Iss bitte langsamer! 7. Geht früher schlafen!

### Übung 3

1. Könnte ich mehr Pausen machen, hätte ich weniger Stress. 2. Würdest du jeden Tag spazieren gehen, könntest du dich besser entspannen. 3. Könnte er auf Zigaretten verzichten, müsste er nicht immer so schlimm husten. 4. Würden Sie ausreichend schlafen, wären Sie nicht immer so erschöpft. 5. Würdet ihr zum Einschlafen leise Musik hören, hättet ihr schöne, ruhige Träume. 6. Sollten wir noch Fragen haben, können wir jederzeit die Hotline anrufen. 7. Sollten Sie morgen immer noch Schmerzen haben, gehen Sie besser zum Arzt.

### Übung 4

**Mögliche Lösungen**

1. Wie ernähren Sie sich? / Was essen und trinken Sie? 2. Wie lange / Wie viel schlafen Sie? / Schlafen Sie gut? 3. Wie viel wiegen Sie? 4. Haben Sie erhöhte Temperatur / Fieber? 5. Treiben Sie Sport? 6. Haben Sie Beschwerden/Schmerzen? 7. Rauchen Sie? 8. Nehmen Sie Medikamente? 9. Was machen Sie beruflich? / Welchen Beruf haben Sie? 10. Sind Sie verheiratet? / Haben Sie Kinder?

### Übung 5

Keine Modelllösung möglich

### Übung 6

**Mögliche Lösungen**

1. Anton hat Probleme mit den Augen. Sie brennen, tränen und sind rot. Julia ist vor Prüfungen immer sehr nervös und kann dann schlecht einschlafen. Else hat einen Druck auf der Leber. 2. Anton sollte zu Hause den Computer nicht mehr einschalten und nur wenig fernsehen. Es wäre gut, wenn er viel spazieren gehen würde. Bei starkem Sonnenlicht sollte er dann aber eine Sonnenbrille tragen. Julia sollte am Tag vor der Prüfung nicht mehr so viel lernen. Es wäre gut, wenn sie spazieren gehen, Freunde besuchen oder ins Kino gehen würde. Vor dem Schlafengehen könnte sie Baldriantropfen nehmen. Else sollte sich viel gesünder ernähren. Es wäre gut, wenn sie nicht so fett essen würde. Sie sollte viel mehr Gemüse essen und sie könnte anstelle von Butter Margarine auf ihr Brot streichen.

## Lektion 18

### Übung 1

1. oder 2. andererseits 3. noch 4. als auch 5. Einerseits 6. aber 7. sondern auch 8. auf der anderen Seite 9. sowohl 10. weder 11. nicht nur

### Übung 2

1. Die Kinder müssen jeden Tag von den Eltern von der Schule abgeholt werden. 2. Früher wurde den Eltern vom Staat Erziehungsgeld gezahlt. 3. Dem alten Mann muss beim Anziehen geholfen werden.
4. Für zwei Wochen wird ein Pflegedienst engagiert.
5. Elternzeit kann vom Vater oder von der Mutter genommen werden. 6. Ein Teil der Miete wird vom Staat gezahlt. 7. Die Großmutter ist von der Schwiegertochter in die Kurzzeitpflege gebracht worden. 8. Familien müssen von der Regierung unterstützt werden. 9. Ungerechtigkeiten sollen durch staatliche Unterstützung ausgeglichen werden.
10. Arbeitslosengeld kann von Arbeitslosen beantragt werden.

### Übung 3

**Mögliche Lösungen**

1. lag / bei 78,5 Prozent 2. war / auf 86 Prozent gestiegen 3. gingen / zur Wahl 4. fiel / um / lag
5. fiel / um 6. erreichte / den höchsten Stand
7. fiel / 2,5 Prozent 8. stieg / 89,1 Prozent
9. 84,3 Prozent / erreichte / den niedrigsten Stand
10. stieg / 94 / 98 11. fiel / erreichte / den niedrigsten Stand

## Lektion 19

### Übung 1

**Mögliche Lösungen**

1. D 2. G 3. A 4. H 5. C 6. F 7. B 8. E

### Übung 2

1. Im letzten Jahr war die Familie am Meer in Italien.
2. Die Familie könnte in diesem Jahr in die Berge fahren. 3. Die Tante verbringt ihren Urlaub in Spanien. 4. Ja. 5. Sie verspricht, jeden Tag italienisch zu kochen. 6. Der Vater ist noch nicht informiert.

### Übung 3

Keine Modelllösung möglich

### Übung 4

Keine Modelllösung möglich

## Lektion 20

### Übung 1

1. C 2. A 3. E 4. F 5. D 6. G 7. B

### Übung 2

Keine Modelllösung möglich

### Übung 3

1. auf / seit 2. in / vor / nach 3. in / wegen / aus
4. während / im 5. von / nach / zwischen
6. um / in / am 7. außerhalb / im 8. Ohne / in
9. bis / bei / beim 10. von / zum

### Übung 4

Keine Modelllösung möglich

## Lektion 21

### Übung 1

1. Muss ich die Prospekte bezahlen? – Nein, Sie brauchen die Prospekte nicht zu bezahlen. 2. Muss ich das Formular unterschreiben? – Nein, Sie brauchen das Formular nicht zu unterschreiben. 3. Muss ich den Text abschreiben? – Nein, Sie brauchen den Text nicht abzuschreiben. 4. Muss ich die Frage beantworten? – Nein, Sie brauchen die Frage nicht zu beantworten. 5. Muss ich das Klassenzimmer aufräumen? – Nein, Sie brauchen das Klassenzimmer nicht aufzuräumen. 6. Muss ich die Bücher mitnehmen? – Nein, Sie brauchen die Bücher nicht mitzunehmen. 7. Muss ich das Handy ausschalten? – Nein, Sie brauchen das Handy nicht auszuschalten.
8. Muss ich das Fenster schließen? – Nein, Sie brauchen das Fenster nicht zu schließen. 9. Muss ich umsteigen? – Nein, Sie brauchen nicht umzusteigen.

### Übung 2
Keine Modelllösung möglich

### Übung 3
1. C 2. E 3. A 4. B 5. F 6. D

## Lektion 22

### Übung 1
1. das / der / Ein Lederkoffer ist ein Koffer aus Leder. 2. die / das / Ein Bücherregal ist ein Regal für Bücher. 3. die / das / Ein Kinderfahrrad ist ein Fahrrad für Kinder. 4. das / das / Ein Holzhaus ist ein Haus aus Holz. 5. das / die / Eine Wasserflasche ist eine Flasche mit Wasser. 6. der / die / Eine Salatschüssel ist eine Schüssel für Salat. 7. die / der / Ein Nudeltopf ist ein Topf für Nudeln. 8. die / das / Ein Krankenhaus ist ein Haus für Kranke. 9. die / die / Eine Baumwollhose ist eine Hose aus Baumwolle. 10. die / die / Eine Tomatensuppe ist eine Suppe aus Tomaten. 11. der / die / Eine Zahnbürste ist eine Bürste für die Zähne.

### Übung 2
1. d**em** / klein**en** / e**in** / rund**er** 2. D**er** / d**er** / kältest**e** / d**es** 3. dies**em** / ein**en** / warm**en** 4. D**as** / klein**e** / sein**em** / groß**en** 5. unser**em** / letzt**en** / d**er** / wild**en** / d**er** 6. D**ie** / spanisch**e** / d**as** / spannend**e** 7. D**er** / freundlich**e** / e**ine** / d**ie** 8. e**ine** / unverheiratet**e** / klein**es** 9. d**as** / strahlend**e** / dein**es** / neu**en** 10. D**ie** / rot**e** / e**in** / bekannt**es** / d**ie** 11. e**ine** / interessant**e** / d**as** / veränderte / lang**er** 12. D**ie** / richtig**e** / d**er** / früh**en** / d**ie** / später**e** 13. D**ie** / bekannt**e** / ihr**e** 14. d**em** / neu**en** / e**in** / interessant**es**

### Übung 3
1. Eine Nähmaschine ist eine Maschine, mit der man nähen kann. 2. Eine Tragetasche ist eine Tasche, in der man etwas tragen kann. 3. Ein Sitzplatz ist ein Platz, auf dem man sitzen kann. 4. Ein Schlafzimmer ist ein Zimmer, in dem man schlafen kann.
5. Ein Liegestuhl ist ein Stuhl, auf dem man liegen kann. 6. Ein Kochkurs ist ein Kurs, in dem man Kochen lernt. 7. Ein Schreibtisch ist ein Tisch, an dem man schreiben kann. 8. Ein Wartezimmer ist ein Zimmer, in dem man warten muss.
9. Ein Übungsbuch ist ein Buch, mit dem man üben kann. 10. Ein Rotlicht ist ein Licht, das rot ist.

### Übung 4
**Mögliche Lösungen**
1. Das Kind weiß nicht, wie man „Rad fahren" schreibt. 2. Zuerst fragt es den Vater. 3. Er weiß es nicht, und er sagt, dass er den Rasen mähen muss. 4. Das Kind soll als Nächstes die Mutter fragen. 5. Die Mutter weiß zwar, wie man „Rad fahren" schreibt, aber sie weiß nicht, wie man „spazieren gehen" schreibt. Sie muss gehen, weil sie einen Arzttermin hat. 6. Jetzt fragt das Kind den Opa. 7. Der Opa schlägt vor, das Wort in ein Word-Dokument zu tippen und durch das Rechtschreibprogramm kontrollieren zu lassen.

### Übung 5
1. sein**e** 2. verschieden**e** 3. ein**er** 4. gemäßigt**en** 5. ein**e** 6. kurz**e** 7. d**ie** 8. einzeln**en** 9. ein 10. Ihr 11. d**ie** 12. Ihr**e** 13. ein 14. groß**es** 15. d**en** 16. ein**em** 17. ein**em** 18. d**as** 19. dies**e** 20. jed**en** 21. D**ie** 22. alt**en** 23. ein**en**

## Lektion 23

### Übung 1
1. I 2. B 3. E 4. G 5. D 6. H 7. F 8. A 9. C

### Übung 2
1. selbstständig 2. Unterstützung 3. Angestellte 4. Wiedereinstieg 5. Stelle 6. Fortbildungskursen 7. zuständig 8. Betriebsklima 9. Überstunden 10. einstellen 11. kündigen

## Lektion 24

### Übung 1

1. Das Open-Air-Konzert fällt aus, denn es regnet stark. / Es regnet stark, daher fällt das Open-Air-Konzert aus. / Wegen des starken Regens fällt das Open-Air-Konzert aus. 2. Das Theater ist im Moment geschlossen, denn es wird renoviert. / Das Theater wird im Moment renoviert, daher ist es geschlossen. / Wegen der Renovierung ist das Theater im Moment geschlossen. 3. Das Gemälde gefällt mir nicht, denn die Farben sind so dunkel. / Die Farben sind so dunkel, daher gefällt mir das Gemälde nicht. / Wegen der dunklen Farben gefällt mir das Gemälde nicht. 4. Ich liebe die Lieder dieser Band, denn die Texte sind sehr gut. / Die Texte sind sehr gut, daher liebe ich die Lieder dieser Band. / Wegen der sehr guten Texte liebe ich die Lieder dieser Band. 5. Das Publikum klatscht nicht, denn die Aufführung war sehr schlecht. / Die Aufführung war sehr schlecht, daher klatscht das Publikum nicht. / Wegen der sehr schlechten Aufführung klatscht das Publikum nicht. 6. Ich kann den Text nicht verstehen, denn viele Ausdrücke sind neu. / Viele Ausdrücke sind neu, daher kann ich den Text nicht verstehen. / Wegen der vielen neuen Ausdrücke kann ich den Text nicht verstehen. 7. Wir werden die Skulptur nicht kaufen, denn der Preis ist viel zu hoch. / Der Preis ist viel zu hoch, daher werden wir die Skulptur nicht kaufen. / Wegen des viel zu hohen Preises werden wir die Skulptur nicht kaufen. 8. Er hat die Trophäe erhalten, denn seine Leistung war hervorragend. / Seine Leistung war hervorragend, daher hat er die Trophäe erhalten. / Wegen seiner hervorragenden Leistung hat er die Trophäe erhalten. 9. Ihr habt den Film gekauft, denn er hat viele Auszeichnungen bekommen. / Der Film hat viele Auszeichnungen bekommen, daher habt ihr ihn gekauft. / Wegen der vielen Auszeichnungen, die der Film bekommen hat, habt ihr ihn gekauft.

### Übung 2

Keine Modelllösung möglich

### Übung 3

Keine Modelllösung möglich

### Übung 4

1. damit 2. daher 3. daher 4. daher 5. damit 6. daher 7. damit 8. daher

## Lektion 25

### Übung 1

1. Ich verstand jedes Wort, obwohl die Kinder sehr leise sprachen. / Die Kinder sprachen sehr leise; trotzdem verstand ich jedes Wort. 2. Der Schüler hat schlechte Noten, obwohl er fleißig lernt. / Der Schüler lernt fleißig; trotzdem hat er schlechte Noten. 3. Wir haben viele Fehler gemacht, obwohl die Prüfung nicht schwer war. / Die Prüfung war nicht schwer; trotzdem haben wir viele Fehler gemacht. 4. Wir haben den Wagen hier abgestellt, obwohl hier Parken verboten ist. / Parken ist hier verboten; trotzdem haben wir den Wagen hier abgestellt. 5. Der Autofahrer fuhr sehr schnell, obwohl dichter Nebel war. / Es war dichter Nebel; trotzdem fuhr der Autofahrer sehr schnell. 6. Ich habe den Schmerz gespürt, obwohl mir der Zahnarzt eine Spritze gegeben hat. / Der Zahnarzt hat mir eine Spritze gegeben; trotzdem habe ich den Schmerz gespürt. 7. Mein Vater ist stolz auf mich, obwohl ich das Spiel nicht gewonnen habe. / Ich habe das Spiel nicht gewonnen; trotzdem ist mein Vater stolz auf mich.

### Übung 2

1. Sie hat ihre kranke Großmutter gepflegt. 2. Er hat sich Zeit für uns genommen. 3. Wir haben verschiedene Mittagsgerichte angeboten. 4. Du hast dich sehr ungesund ernährt. 5. Das Geschäft ist sehr gut gelaufen. 6. Wer hat die Hauptspeise zubereitet? 7. Der Kellner hat die Gäste bedient. 8. Wir haben die Nachspeise probiert. 9. Hast du den Tisch gedeckt? 10. Die Bedienung hat dem Gast noch mehr Wein eingeschenkt. 11. Hast du das Besteck aufgeräumt?

### Übung 3

1. Kanne  2. Schüssel  3. Gang  4. Kaffeelöffel  5. Pfanne  6. Deckel  7. Besteck  8. Vorspeise

### Übung 4

1. Mein Bruder hat viele Hobbys, aber er hat nur wenig Zeit dafür. / Mein Bruder hat viele Hobbys, allerdings hat er nur wenig Zeit dafür.  2. Es gab wenig Fleisch, aber die Beilagen waren reichlich. / Es gab wenig Fleisch, allerdings waren die Beilagen reichlich.  3. Wir können essen, aber ich muss zuerst den Tisch decken. / Wir können essen, allerdings muss ich zuerst den Tisch decken.  4. Er hat den Unfall überlebt, aber er sitzt jetzt im Rollstuhl. / Er hat den Unfall überlebt, allerdings sitzt er jetzt im Rollstuhl.  5. Er ist blind, aber er malt sehr gut. / Er ist blind, allerdings malt er sehr gut.  6. Das Geschirr steht in der Küche, aber ich habe es noch nicht gespült. / Das Geschirr steht in der Küche, allerdings habe ich es noch nicht gespült.

### Übung 5

1. R  2. R  3. F  4. R  5. F  6. F  7. F  8. R  9. F  10. F

### Übung 6

1. D  2. E  3. G  4. A  5. F  6. H  7. C  8. B

## Lektion 26

### Übung 1

1. fehlt  2. Hals  3. Zecke  4. entfernen  5. wehtun  6. Kopf  7. gefährlich  8. Infektion  9. merke  10. ähnlich  11. Fieber  12. Behandlung  13. impfen

### Übung 2

1. frisst  2. gestreichelt  3. sticht  4. gefüttert  5. gebissen

### Übung 3

1. in dem  2. auf das  3. über den  4. hinter der  5. auf dem  6. in die  7. von dem

### Übung 4

**Mögliche Lösungen**

1. Nein, Elefanten sind soziale Wesen und leben in Gruppen.  2. Sie können bis zu fünf Tonnen schwer werden.  3. Die Stoßzähne des Afrikanischen Elefanten können bis zu drei Meter lang werden.  4. Der Afrikanische Elefant hat wesentlich größere Ohren.  5. Der Afrikanische Elefant hat am Rüsselende zwei kleine Finger, der Asiatische nur einen.  6. Die Haut eines Elefanten ist bis zu drei Zentimeter dick.  7. Sie leben im Süden Afrikas. Einige Waldelefanten leben in den Wäldern Westafrikas.  8. 60–70 Jahre.

### Übung 5

1. raus/heraus  2. draußen  3. rüber  4. **hinein**getrieben  5. drinnen  6. drüben  7. herein  8. raus/heraus  9. **hinaus**gehen/**raus**gehen

### Übung 6

1. dem  2. den  3. das  4. dem / die  5. der  6. dem  7. den / der  8. der

## Lektion 27

### Übung 1

1. ab  2. **er**öffnen  3. auf  4. an  5. **ein**zahlen  6. aus  7. **be**zahlen / **über**weisen  8. an  9. aus  10. **um**gehen / **über**zogen

### Übung 2

1. F  2. F  3. F  4. R  5. F  6. R  7. F  8. R

### Übung 3

1. Konto  2. Girokonto  3. Überweisungen  4. EC-Karte  5. bargeldlos  6. Zinsen  7. Gehalt

### Übung 4

1. Während  2. Bevor  3. nachdem  4. während  5. während  6. bevor  7. Nachdem

**Übung 5**

1. Er hat eine Ausbildung gemacht. Danach hat er viel Geld verdient. 2. Sie wollte/wollten ein Haus kaufen. Vorher musste/mussten sie einen Kredit beantragen. 3. Ich habe eine Lebensversicherung abgeschlossen. Gleichzeitig habe ich ein Sparkonto eröffnet. 4. Wir haben Aktien gekauft. Seitdem haben wir viel Geld verloren. 5. Die Firma ist 2010 an die Börse gegangen. Hinterher hat sie acht neue Filialen eröffnet. 6. Sie hat/haben im Lotto gewonnen. Seitdem musste/mussten sie nicht mehr arbeiten. 7. Er war früher sehr arm. Inzwischen hat er genug Geld zum Leben. 8. Ich wurde bei der Bank gut beraten. Anschließend habe ich ein Girokonto eröffnet.

## Lektion 28

**Übung 1**

1. C 2. B 3. H 4. A 5. E 6. F 7. D 8. G

**Übung 2**

1. umso/desto schlechter verstehe ich dich
2. umso/desto schlechter kann es sich konzentrieren
3. umso/desto besser verstehen wir uns 4. umso/desto weniger verdient man 5. umso/desto unsicherer werde ich 6. umso/desto einsamer war er 7. umso/desto besser schmeckt er

**Übung 3**

1. auf 2. um 3. für 4. auf 5. von 6. von 7. von

**Übung 4**

Keine Modelllösung möglich

## Lektion 29

**Übung 1**

**Mögliche Lösungen**

1. wenn morgens beim Aufwachen die Sonne scheint
2. wenn meine Kinder im Garten spielen oder mich umarmen 3. einen schönen Urlaub zu verbringen
4. vor ein paar Wochen meine Traumfrau geheiratet zu haben 5. gut essen zu gehen 6. beim Marathon im Ziel anzukommen oder unter die ersten zehn zu kommen 7. mit Freunden und Familie zusammen zu sein 8. etwas zu schaffen, was ich für unmöglich gehalten habe

**Übung 2**

Keine Modelllösung möglich

**Übung 3**

1. I 2. H 3. D 4. F 5. A 6. E 7. C 8. G 9. B

**Übung 4**

1. I 2. C 3. D 4. H 5. E 6. A 7. G 8. B 9. F

## Lektion 30

**Übung 1**

Keine Modelllösung möglich

**Übung 2**

1. Mit wem habt ihr euch unterhalten? 2. Worauf freute er sich sehr? 3. Worüber hat sie sich sehr gefreut? 4. Mit wie vielen Gästen rechnest du? 5. Wer wird dir bei der Vorbereitung helfen? 6. Auf wen habt ihr gewartet? 7. An wen schrieb sie? 8. Wofür interessierte er sich als Kind? 9. Wann werdet ihr euch mit dem Problem beschäftigen? 10. Hast du Angst vor der neuen Stelle?

**Übung 3**

1. dass 2. deswegen 3. damit 4. vorher 5. weil 6. Vor 7. Während 8. trotzdem

**Übung 4**

1. werde/wurde 2. werden/wurden 3. worden 4. werden 5. werdet 6. wird/wurde 7. werden/wurden 8. worden

# Quellenverzeichnis

**Seite 2** Bon-Jovi-Konzert
© Rosana Prada

**Seite 9** Szene in Apotheke
© ABDA

**Seite 9** oberes Apothekensymbol
© ABDA

**Seite 9** mittleres Apothekensymbol
© Österreichischer Apothekerverband

**Seite 9** unteres Apothekensymbol
© pharmaSuisse

**Seite 20** Icehotel
© Martin Smedsén

**Seite 20** Unterwasserhotel
© Conrad Maldives Rangali

**Seite 20** Indianerhotel
© Bio Hof Gensler und Das Rhön Indianer Hotel Bauernladen & Bauernhofbäckerei Christof Gensler KG

**Seite 20** Gurkenfasshotel
© Restaurant & Café Hanschick, Lübbenau

**Seite 54** Porträt Peter Zumthor
© www.gerryebner.ch

**Seite 54** Felsentherme in Vals
© Micha L. Rieser

**Seite 54** Caplutta Sogn Benedetg in Sumvitg
© Adrian Michael

**Seite 54** Kunsthaus Bregenz
© Fb78

**Seite 54** Kunstmuseum Kolumba in Köln
© Hpschaefer

**Seite 54** Pavillon Expo 2000
© Friedrich Böhringer

**Seite 55** Gedicht links
Ilma Rakusa, *Koffer*. Aus: Ilma Rakusa: *Mehr Meer*. Erinnerungspassagen © Literaturverlag Droschl Graz – Wien 2009

**Seite 55** Gedicht rechts
© Timucin Davras

**Seite 59** Personen beim Anlegen einer Grünanlage
© www.freiwillig-zh.ch

**Seite 59** Nachhilfeunterricht
© www.freiwillig-zh.ch

**Seite 59** Logo
© www.freiwillig-zh.ch

**Seite 69** Koala
© Flagstaffotos

**Seite 69** Känguru
© Flagstaffotos

**Seite 70** Zecke auf Grashalm
© www.zecken.de

**Seite 70** Karte mit Zeckengebieten
© www.zecken.de

**Seite 71** Schulhund Paula mit Schülerin
© Meinhard Volz

**Seite 71** Schulhund Paula auf Decke
© Meinhard Volz

**Seite 71** Schulhund Kalle mit Schüler
© Alexandra Prippernau

**Seite 103** Ferrari
© testing / Shutterstock.com

**Seite 121** Holocaust-Denkmal in Berlin
© Emanuele Colombo / Shutterstock.com

# Landkarten

**Deutschland, Österreich, Schweiz**

## Europa

ISLAND
Reykjavik
Europäisches Nordmeer
Nordpolarmeer
Barentssee
Hammerfest
Murmansk
Weißes Meer
Atlantischer Ozean
SCHWEDEN
Umeå
Trondheim
FINNLAND
Bottnischer Meerbusen
NORWEGEN
Tampere
Turku
Bergen
Helsinki
Finnischer Meerbusen
Sankt Petersburg
Oslo
Uppsala
Stockholm
Tallinn
Nowgorod
ESTLAND
Göteborg
LETTLAND
Riga
RUSSLAND
Aarhus
DÄNEMARK
Kopenhagen
Malmö
LITAUEN
Moskau
Glasgow
Edinburgh
Kaliningrad
Belfast
Danzig
Vilnius
IRLAND
Galway
Dublin
Liverpool
Manchester
Hamburg
Minsk
NIEDERLANDE
Birmingham
Amsterdam
Berlin
Posen
Warschau
WEIßRUSSLAND
Cork
GROßBRITANNIEN
Cardiff
London
DEUTSCHLAND
Breslau
POLEN
Brüssel
Köln
BELGIEN
Ärmelkanal
Frankfurt
Prag
Kiew
Luxemburg
LUXEMBURG
TSCHECHIEN
Krakau
Lemberg
UKRAINE
Charkiw
Paris
SLOWAKEI
Straßburg
München
Bratislava
Wien
Budapest
Nantes
ÖSTERREICH
UNGARN
RUMÄNIEN
MOLDAU
Kischinau
Rostow am Don
SCHWEIZ
Vaduz
Bern
LIECHTENSTEIN
SLOWENIEN
Ljubljana
Zagreb
KROATIEN
Odessa
Asowsches Meer
Lyon
Bordeaux
Mailand
Belgrad
Genua
BOSNIEN-HERZEGOWINA
Bukarest
FRANKREICH
Golf von Biscaya
Florenz
Sarajevo
SERBIEN
MONACO
Bilbao
ANDORRA
Côte d'Azur
ITALIEN
Adriatisches Meer
MONTENEGRO
Podgorica
Sofia
BULGARIEN
Schwarzes Meer
GEORGIEN
Rom
Tirana
Skopje
EHEM. JUG. REP. MAZEDONIEN
Porto
SPANIEN
Barcelona
ALBANIEN
Neapel
Istanbul
Madrid
Thessaloniki
Ankara
Valencia
PORTUGAL
Lissabon
GRIECHENLAND
Athen
TÜRKEI
Sevilla
Ionisches Meer
MALTA
Ägäisches Meer
Alborán Meer
Nikosia
ZYPERN
Mittelmeer

Grönland
ISLAND
Alaska
KANADA
Ottawa
VEREINIGTE STAATEN VON AMERIKA
Washington, D. C.
MEXIKO
Mexiko-Stadt
BAHAMAS
Havanna
KUBA
HAITI
DOMINIKANISCHE REPUBLIK
JAMAIKA
GUADELOUPE
BELIZE
HONDURAS
GUATEMALA
EL SALVADOR
NICARAGUA
GRENADA
TRINIDAD UND TOBAGO
Caracas
COSTA RICA
PANAMA
VENEZUELA
GUYANA
FRANZÖSISCH-GUAYANA
SURINAME
Bogotá
KOLUMBIEN
Quito
ECUADOR
PERU
Lima
BRASILIEN
Brasília
BOLIVIEN
PARAGUAY
Santiago de Chile
CHILE
URUGUAY
Montevideo
ARGENTINIEN
WESTSAHARA
MAURETANIEN
KAP VERDE
SENEGAL
Dakar
GAMBIA
GUINEA-BISSAU
SIERRA LEONE

RUSSLAND
Moskau
SCHWEDEN
FINNLAND
NORWEGEN
Oslo
Stockholm
Helsinki
ESTLAND
LETTLAND
LITAUEN
DÄNEMARK
DEUTSCHLAND
Berlin
POLEN
Warschau
Minsk
WEISSRUSSLAND
LUXEMBURG
TSCHECHIEN
SLOWAKEI
Kiew
UKRAINE
ÖSTERREICH
UNGARN
MOLDAU
SLOWENIEN
KROATIEN
RUMÄNIEN
SERBIEN
ITALIEN
Rom
MONTENEGRO
BULGARIEN
ALBANIEN
MAZEDONIEN
GRIECHENLAND
Athen
GEORGIEN
Tiflis
ARMENIEN
Jerewan
Baku
ASERBAIDSCHAN
Ankara
TÜRKEI
Tunis
MALTA
TUNESIEN
Tripolis
ZYPERN
SYRIEN
LIBANON
Beirut
Damaskus
ISRAEL
Amman
JORDANIEN
Kairo
Bagdad
IRAK
Teheran
IRAN
KASACHSTAN
Astana
USBEKISTAN
TURKMENISTAN
Aschgabat
Taschkent
KIRGISISTAN
TADSCHIKISTAN
AFGHANISTAN
Kabul
Islamabad
PAKISTAN
MONGOLEI
Ulaanbaatar
CHINA
Peking
NORDKOREA
Pjongjang
Seoul
SÜDKOREA
JAPAN
Tokio
LIBYEN
ÄGYPTEN
SAUDI-ARABIEN
Riad
KATAR
Doha
VEREINIGTE ARABISCHE EMIRATE
OMAN
JEMEN
San'a
Neu-Delhi
NEPAL
BHUTAN
BANGLADESCH
Dhaka
INDIEN
MYANMAR
LAOS
Hanoi
VIETNAM
THAILAND
Bangkok
KAMBODSCHA
Phnom Penh
Taipeh
TAIWAN
Manila
PHILIPPINEN
NIGER
TSCHAD
N'Djamena
SUDAN
Khartum
ERITREA
DSCHIBUTI
NIGERIA
Abuja
SÜD-SUDAN
ÄTHIOPIEN
Addis Abeba
SOMALIA
Mogadischu
KAMERUN
Yaounde
ZENTRALAFRIKANISCHE REPUBLIK
GABUN
REPUBLIK KONGO
Brazzaville
Kinshasa
UGANDA
Kampala
RUANDA
Kigali
KENIA
Nairobi
BURUNDI
DEMOKRATISCHE REPUBLIK KONGO
Dodoma
TANSANIA
ANGOLA
SAMBIA
Lusaka
MALAWI
MOSAMBIK
Harare
SIMBABWE
NAMIBIA
BOTSWANA
Pretoria
Maputo
SWASILAND
SÜDAFRIKA
LESOTHO
Antananarivo
MADAGASKAR
SRI LANKA
Colombo
Kuala Lumpur
SINGAPUR
BRUNEI
MALAYSIA
INDONESIEN
Jakarta
PAPUA-NEUGUINEA
SALOMONEN
VANUATU
FIDSCHI
AUSTRALIEN
Canberra
NEUSEELAND
Wellington

# Notizen

# Notizen